ईट सो व्हॉट!

स्वस्थ रहने के स्मार्ट तरीके

बीमारी मुक्त स्वस्थ जीवन के लिए शाकाहारियों के लिए
पोषण आहार गाइड

फुल वर्जन

(वॉल्यूम 1 एंड वॉल्यूम 2)

ला फॉनसिएर

Eb
emerald books

Eb
emerald books

अनुक्रम

1

10 कारणों से आपको कार्बोहाइड्रेट कभी खाना नहीं छोड़ना चाहिए

कार्बोहाइड्रेट का मुख्य कार्य शरीर और मस्तिष्क को ऊर्जा प्रदान करना है। जैसे आपकी कार को चलने के लिए ईंधन की जरूरत होती है, वैसे ही आपके शरीर को काम करने के लिए कार्बोहाइड्रेट की जरूरत होती है।

10 कारणों से आपको कार्बोहाइड्रेट कभी खाना नहीं छोड़ना चाहिए

कार्ब्स क्या हैं?

कार्बोहाइड्रेट तीन मैक्रोन्यूट्रिएंट्स में से एक है - प्रोटीन और वसा के साथ - जो आपके शरीर को दैनिक रूप से आवश्यक है। कार्बोहाइड्रेट के तीन मुख्य प्रकार हैं: स्टार्च, फाइबर और शर्करा (शुगर)।

स्टार्च को अक्सर कॉम्प्लेक्स कार्बोहाइड्रेट के रूप में जाना जाता है। वे अनाज, फलियां, और स्टार्च वाली सब्जियां, जैसे आलू और मकई में पाए जाते हैं। (पसंदीदा कार्ब्स)

शुगर सिंपल कार्बोहाइड्रेट के रूप में जाने जाते हैं। सब्जियों, फलों, दूध और शहद में प्राकृतिक रूप से शक्कर होती है। दूसरी तरफ प्रोसेस्ड खाद्य पदार्थ, सिरप, मीठे पेय, और मिठाई में ऊपर से शक्कर डाली जाती है। (कार्ब्स जिनसे बचना चाहिए)

आपके भोजन करने के बाद, आपके द्वारा खाए गए खाद्य पदार्थों के कार्बोहाइड्रेट चीनी की छोटी इकाइयों में टूट जाते हैं। ये छोटी इकाइयाँ आपके पाचन तंत्र और आपके रक्तप्रवाह में अब्सॉर्ब (अवशोषित) हो जाती हैं। यह रक्त शर्करा आपके रक्तप्रवाह के माध्यम से आपकी मांसपेशियों और अन्य टिश्यूज़ की ऊर्जा की आपूर्ति

करने के लिए पहुँचता है। यह एक महत्वपूर्ण प्रक्रिया है; वास्तव में, कार्बोहाइड्रेट के विभिन्न कार्यों में से शरीर की ऊर्जा की आपूर्ति करना उसका मुख्य कार्य है। आपके शरीर को हर दिन कम से कम 200 से 400 ग्राम कार्ब्स की आवश्यकता होती है।

अभी भी आश्वस्त नहीं हैं की कार्ब्स अच्छे हैं? तो कार्ब्स खाने के इन 10 महत्वपूर्ण लाभों पर ध्यान दें:

10 कारणों से आपको कार्बोहाइड्रेट कभी खाना नहीं छोड़ना चाहिए

1. अपने आईक्यू लेवल को बढ़ाना चाहते हैं तो कार्बोहाइड्रेट लें

आपके शरीर की अधिकांश कोशिकाएं ऊर्जा के लिए सिंपल कार्बोहाइड्रेट ग्लूकोज का उपयोग करती हैं विशेष रूप से आपके मस्तिष्क को ऊर्जा स्रोत के रूप में ग्लूकोज की आवश्यकता होती है। इसलिए, हम यह जोड़ सकते हैं कि कार्ब्स का एक महत्वपूर्ण कार्य मस्तिष्क को ऊर्जा की आपूर्ति करना है। यदि आपने कभी लो कार्ब्स डाइट का पालन किया हो और महसूस किया हो कि आपका मस्तिष्क कुछ दिनों के लिए धूमिल सा था, तो समझ लीजिये मस्तिष्क के उचित कार्य करने के लिए कार्बोहाइड्रेट कितने महत्वपूर्ण हैं इसका अनुभव आपने किया है।

2. कार्ब्स आपके मूड को बूस्ट करते हैं

शोधकर्ताओं को संदेह है कि कार्ब्स सेरोटोनिन के उत्पादन को बढ़ावा देते हैं, जो एक अच्छा- महसूस कराने वाला मस्तिष्क रसायन है। एक अध्ययन में यह पाया गया कि, लोग जिन्होंने करीब एक साल के लिए बहुत कम कार्बोहाइड्रेट आहार का पालन किया - जिसमे प्रतिदिन केवल 20 से 40 ग्राम कार्ब्स, लगभग 1/2 कप चावल और रोटी के एक टुकड़े आते हैं, उन्होंने उन लोगो के तुलना में अधिक अवसाद, चिंता और गुस्सा का अनुभव किया जिन्होंने कम वसा वाले डेरी, साबुत अनाज, फल और फलियों वाला आहार का पालन किया।

3. कार्ब्स वजन घटाने में मदद कर सकते हैं

यूटा में ब्रिघम यंग यूनिवर्सिटी के शोधकर्ताओं ने लगभग दो साल तक मिडल एज की महिलाओं की खाने की आदतों का निरीक्षण किया और पाया कि जिन लोगों ने फाइबर का सेवन बढ़ाया, उन्होंने आमतौर पर अपना वजन कम किया। जिन महिलाओं ने अपने आहार में फाइबर को कम किया उनका वजन बढ़ा। कई

कार्बोहाइड्रेट में फाइबर होता है, जो वास्तव में एक अपचनीय कॉम्प्लेक्स कार्बोहाइड्रेट है।

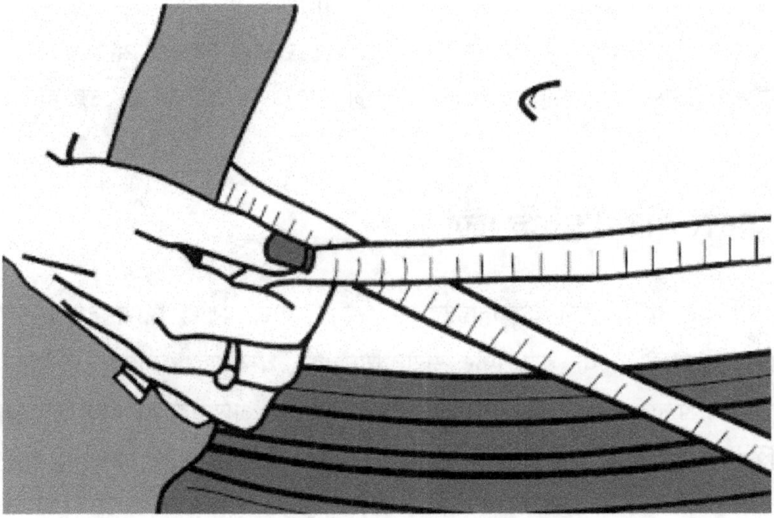

4. कार्ब्स आपके दिल के लिए अच्छा है

शोध बताते हैं कि प्रतिदिन 5 से 10 ग्राम तक अपने घुलनशील-फाइबर के सेवन (कार्ब-युक्त खाद्य पदार्थों जैसे ओटमील और बीन्स में पाए जाने वाले फाइबर) को बढ़ाने से "खराब" एलडीएल कोलेस्ट्रॉल में 5 प्रतिशत की गिरावट हो सकती है। वे लोग जो अधिक साबुत अनाज खाते हैं (ब्राउन राइस, बुलगुर और क्विनोआ) में एलडीएल कोलेस्ट्रॉल कम होता है और "अच्छा" एचडीएल कोलेस्ट्रॉल उच्च होता है।

5. बेहतर नींद पैटर्न के लिए

धीमी गति से पचने वाले कार्बोहाइड्रेट से भरपूर खाद्य पदार्थ आरामदायक नींद में योगदान करते हैं, एक बार फिर सेरोटोनिन को धन्यवाद। आपके मनोदशा को सुधारने के अलावा, न्यूरोट्रांसमीटर सेरोटोनिन आपको आरामदायक नींद का अनुभव सुनिश्चित करने में भी मदद करता है। आहार जो कार्बोहाइड्रेट में कम होते हैं, उन्हें सेरोटोनिन को संश्लेषण करने के समय लगता है जो अनिद्रा का कारण बनता है। यही कारण है कि सोने से पहले दूध पीने को नींद बढ़ाने वाला माना जाता है, भले ही यह कार्बोहाइड्रेट का सबसे अच्छा स्रोत नहीं है।

6. कैंसर के खतरे को कम करने के लिए

यह बहुत कुछ इस पर निर्भर करता है कि आप किस कार्बोहाइड्रेट को चुनते हैं। ज्यादातर लोग कार्बोहाइड्रेट के विकल्पों पर विचार करते समय आलू के बारे में सोचते हैं, वास्तव में, कार्बोहाइड्रेट के कई और विकल्प हैं जो शायद आपके दिमाग में कभी आये ही नहीं होंगे। उदाहरण के लिए, प्याज, टमाटर, शिमला मिर्च, और सैकड़ों सब्जियां, इन सभी को इनके मूल रूप से कार्बोहाइड्रेट माना जाता है, भले ही वे एक दूसरे से बहुत अलग हैं। ये वो कार्बोहाइड्रेट हैं जो आपको खाने चाहिए। ये एंटीऑक्सिडेंट से भरे हुए हैं और असामान्य सेलुलर विकास का मुकाबला करने में मदद करते हैं। इन खाद्य पदार्थों की उच्च फाइबर प्रकृति अपशिष्ट और कोलेस्ट्रॉल को शरीर से हटाने में मदद करती है। ये पौष्टिक कार्बोहाइड्रेट खाद्य पदार्थ प्रारंभिक अवस्था के कैंसर से भी लड़ते हैं। कोशिकाओं को अपने प्राथमिक ईंधन स्रोत के रूप में ग्लूकोज की आवश्यकता होती है। उन खाद्य पदार्थों का सेवन जो बहुत धीरे-धीरे ग्लूकोज में परिवर्तित होते हैं जैसे कार्बोहाइड्रेट्स, कैंसर कोशिकाओं के लिए पोषक तत्वों की आपूर्ति को कम करते हैं जिससे कोशिका मृत्यु या एपोप्टोसिस होता है।

7. बेहतर पाचन

फाइबर युक्त कार्बोहाइड्रेट पर्याप्त सेवन करने से पाचन समस्याओं, जैसे कब्ज और अपच को रोकने में मदद मिल सकती है। अघुलनशील फाइबर,एक प्रकार का फाइबर है जो पाचन के दौरान टूटता नहीं है, आपके पाचन तंत्र के साथ अन्य भोजन को धक्का देता है और पाचन प्रक्रिया को तेज करता है। यह आपके मल में बल्क भी जोड़ता है, जिससे मल त्याग करना आसान हो जाता है। कार्बोहाइड्रेट के पर्याप्त सेवन के बिना, आपको अपने पाचन तंत्र को नियमित रखने के लिए पर्याप्त फाइबर नहीं मिल सकता है।

8. ब्लड प्रेशर में सुधार

उच्च रक्तचाप स्ट्रोक और हृदय रोग के लिए सबसे मजबूत ज्ञात जोखिम कारकों में से एक है। इसलिए रक्तचाप कम करना हृदय रोग के जोखिम को कम करने के लिए एक

बहुत महत्वपूर्ण कदम माना जाता है। अध्ययनों से संकेत मिलता है कि अधिक वजन वाले या मोटापे वाले व्यक्तियों में कार्बोहाइड्रेट से भरपूर आहार कम रक्तचाप का कारण बनता है।

9. एनर्जी लेवल बढ़ाएं

कार्बोहाइड्रेट शरीर का प्राथमिक ऊर्जा स्रोत है, क्योंकि यह अंततः ग्लूकोज में परिवर्तित हो जाता है जो हमारे शरीर में उपयोग की जाने वाली ऊर्जा मुद्रा - एटीपी के उत्पादन के लिए आवश्यक है। यदि आप सुस्त महसूस कर रहे हैं तो गुणवत्ता वाले कार्बोहाइड्रेट का भोजन आम तौर पर आप में जोश भरने के के लिए पर्याप्त है।

10. आपका जीवनकाल बढ़ा सकते है

कार्बोहाइड्रेट युक्त खाद्य पदार्थ दो एनाबॉलिक हार्मोन, इंसुलिन और इंसुलिन जैसे विकास कारक 1 (IGF-1) के उत्पादन को प्रोत्साहित करते हैं। IGF-1 कोशिकाओं की रिकवरी में सहायक है। यह आपके कोशिकीय उम्र को बेहतर बनाए रखने में मदद कर सकते है। कार्बोहाइड्रेट ग्रोथ हार्मोन और एक प्रमुख एंटी–एजिंग हार्मोन के उत्पादन को भी प्रोत्साहित करते हैं।

निष्कर्ष

हालांकि कार्बोहाइड्रेट के कई लाभ हैं, आपको यह सुनिश्चित करने की आवश्यकता है कि आप उन्हें मॉडरेशन में खा रहे हैं। हालांकि कार्बोहाइड्रेट वाले भोजन समूह शरीर द्वारा आवश्यक विटामिन और खनिजों प्रदान करते हैं, लेकिन किसी भी खाद्य समूह को अधिक मात्रा में खाने से वजन बढ़ सकता है। अपने चिकित्सक या एक पंजीकृत आहार विशेषज्ञ के साथ परामर्श करने से आपको अपने स्वास्थ्य लक्ष्यों और मौजूदा स्वास्थ्य स्थितियों के लिए कार्बोहाइड्रेट की मात्रा निर्धारित करने में मदद मिल सकती है।

2

10 वजह की क्यों फैट दुश्मन नहीं होता। फैट के बारे में सच्चाई

10 वजह की क्यों फैट दुश्मन नहीं होता। फैट के बारे में सच्चाई

क्या आप जानते हैं कि मानव मस्तिष्क लगभग 60% फैट से बना होता है? फैट कोई ऐसी चीज नहीं है, जिससे हमें दूर भागना चाहिए। हमारे शरीर को अपने सर्वश्रेष्ठ काम करने के लिए फैट की एक निश्चित मात्रा की आवश्यकता होती है। सभी फैट्स खराब नहीं होते हैं; सभी फैट्स अच्छे नहीं होते हैं। आइए देखें कि किस प्रकार का फैट हमारा दोस्त है और कौन सा हमारा दुश्मन है।

फैट्स के प्रकार:

ट्रांस फैट्स

ट्रांस फैट सबसे खराब प्रकार का आहार फैट है। हाइड्रोजनीकरण प्रक्रिया का उपयोग स्वस्थ तेलों को ठोस बनाने के लिए किया जाता है ताकि उन्हें ख़राब होने से बचाया जा सके, और इस प्रक्रिया का प्रतिफल ट्रांस फैट है। ट्रांस फैट का कोई ज्ञात स्वास्थ्य लाभ नहीं है और इसका कोई सुरक्षित स्तर नहीं है। ट्रांस फैट की उपस्थिति जानने के लिए अपने डब्बा बंद खाने के पैकेट पर दिए गए पोषण मूल्य की जांच करना बेहतर है। प्रतिदिन केवल 2% ट्रांस फैट के सेवन से, हृदय रोग का खतरा 23% बढ़ जाता है।

ट्रांस फैट युक्त भोजन:

- ठोस मार्जरीन
- फ्रेंच फ्राइज
- वेजिटेबल शॉर्टनिंग
- पेस्ट्री
- कुकीज़

सैचुरेटेड फैट्स

वे रूम टेम्परेचर पर ठोस होते हैं। सैचुरेटेड फैट्स से भरपूर्ण आहार कोलेस्ट्रॉल को बढ़ा सकता है, और अधिक हानिकारक एलडीएल कोलेस्ट्रॉल को और बढ़ा सकता है, जो हृदय और शरीर में ब्लॉकेज बनाता है। सैचुरेटेड फैट्स को मॉडरेशन में

उपभोग करना चाहिए और एक दिन में सैचुरेटेड फैट्स की खपत को को 10% से कम में सीमित करना चाहिए।

सैचुरेटेड फैट्स के सामान्य स्रोत:

- फुल फैट दूध
- चीज़
- नारियल का तेल
- कई व्यावसायिक रूप से तैयार बेक्ड माल

मोनोअनसैचुरेटेड और पॉलीअनसेचुरेटेड फैट्स

मोनोअनसैचुरेटेड और पॉलीअनसेचुरेटेड फैट्स स्वस्थ फैट्स हैं। स्वस्थ फैट्स कमरे के तापमान पर तरल होते हैं, ठोस नहीं। ये वसा मुख्य रूप से सब्जियों, नट, और बीज में पाए जाते हैं। पॉलीअनसेचुरेटेड का उपयोग सेल्स मेमब्रेन और तंत्रिकाओं को

बनाने के लिए किया जाता है। वे रक्त के थक्के, मांसपेशियों और सूजन के लिए आवश्यक हैं।

स्वस्थ फैट्स की दो व्यापक श्रेणियां हैं:

मोनोअनसैचुरेटेड वसा

पॉलीअनसेचुरेटेड वसा

मोनोअनसैचुरेटेड वसा के अच्छे स्रोत हैं

- एक्स्ट्रा वर्जिन जैतून का तेल
- सूरजमुखी तेल
- मूंगफली का तेल
- कनोला तेल
- सैफ्लावर तेल
- अवोकाडोस
- नट

पॉलीअनसेचुरेटेड वसा में ओमेगा -3 फैटी एसिड और ओमेगा -6 फैटी एसिड शामिल हैं। सैचुरेटेड फैट्स या अत्यधिक रिफाइंड कार्बोहाइड्रेट के स्थान पर पॉलीअनसेचुरेटेड वसा खाने से हानिकारक एलडीएल कोलेस्ट्रॉल कम हो जाता है और कोलेस्ट्रॉल प्रोफ़ाइल में सुधार होता है। यह ट्राइग्लिसराइड्स को भी कम करता है।

ओमेगा-3 फैटी एसिड के अच्छे स्रोतों में शामिल हैं:

- डिहाइड्रेटेड सोयाबीन तेल
- अलसी
- अखरोट
- कनोला तेल

ओमेगा -6 फैटी एसिड को हृदय रोग से सुरक्षा से जोड़ा गया है।

ओमेगा-6 फैटी एसिड के अच्छे स्रोतों में शामिल हैं:

- मक्के का तेल
- सूरजमुखी का तेल
- सैफ्लावर तेल
- सोयाबीन का तेल
- अखरोट

नीचे 10 कारण बताए गए हैं कि क्यों फैट्स दुश्मन नहीं है:

1. फैट ब्रेन हेल्थ के लिए जरूरी है

मस्तिष्क स्वास्थ्य के लिए वसा आवश्यक है। मस्तिष्क 60% वसा से बना होता है, जिसमें से एक बड़ा हिस्सा डोकोसेहेओएनिक एसिड (डीएचए) या ओमेगा 3 फैट्स होता है।

आवश्यक विटामिन जैसे ए, डी, ई और के, पानी में घुलनशील नहीं हैं और इनको शरीर में परिवहन और अब्सॉर्ब होने के लिए फैट्स की आवश्यकता होती है। ये विटामिन मस्तिष्क के स्वास्थ्य और हमारे कई महत्वपूर्ण अंगों के लिए महत्वपूर्ण हैं।

विटामिन डी अल्जाइमर, पार्किंसंस, अवसाद और अन्य मस्तिष्क विकारों के रिस्क कम कर देता है, और ओमेगा-3 ज्ञान-संबंधी कार्य को तेज करने के साथ-साथ मनोदशा में सुधार करने में मदद करता है।.

2. वसा बेहतर त्वचा के लिए

फैट सेलुलर मेम्ब्रेन को बनाता है, और हमारी त्वचा की एक बड़ी संख्या की कोशिकाओं को बनाता है। वसा की उचित खपत के बिना, हमारी त्वचा रूखी और जकड़ जाती है, जो हमारे शरीर में प्रवेश करने के लिए संक्रमण के रास्ते भी खोल सकती है।

3. फैट इम्यून सिस्टम को बूस्ट करता है

हमें स्वस्थ प्रतिरक्षा प्रणाली के लिए वसा की आवश्यकता होती है। सैचुरेटेड फैट्स यहां विशेष रूप से महत्वपूर्ण भूमिका निभाते हैं क्योंकि इनकी पर्याप्त मात्रा प्रतिरक्षा प्रणाली को विदेशी आक्रमणकारियों को पहचानने और फिर उनको नष्ट करने में मदद करती है।

4. फैट हमारे फेफड़ों को सही तरीके से काम करने में सहायक है

एक पतली परत जो फेफड़ों को कोट करती है, 100% सैचुरेटेड फैट अम्ल है। इस सुरक्षात्मक परत को बचाने के लिए हमें वसा की आवश्यकता होती है, नहीं तो हम सांस लेने में तकलीफ़ से पीड़ित हो सकते हैं।

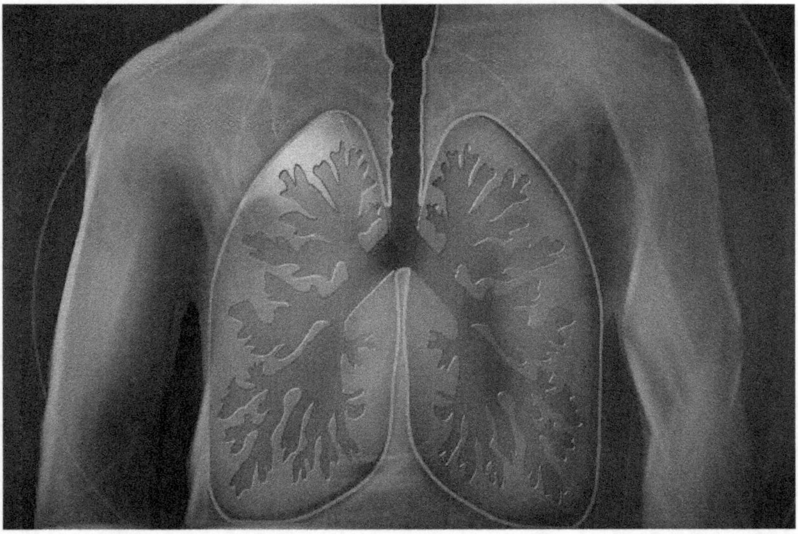

5. फैट दिल के लिए अच्छा है

अनसैचुरेटेड फैट हृदय के लिए अच्छा है क्योंकि वे रक्तचाप को कम करने में मदद करता है और जो आपके रक्त में वसा के एक प्रकार ट्राइग्लिसराइड्स को कम करके धमनियों में प्लाक के निर्माण को धीमा कर देता है। सैचुरेटेड फैट्स को

पॉलीअनसेचुरेटेड या मोनोअनसैचुरेटेड फैट्स से स्विच करने से हृदय रोग का खतरा 25% तक कम किया जा सकता है।

6. फैट वजन कम करने में आपकी मदद कर सकता है (हाँ, आपने सही पढ़ा)

भूख वाली कोशिकाओं के कारण वजन बढ़ता है। जब हम अपने कैलोरी को प्रतिबंधित करते हैं, तो हमारा शरीर एक स्टारवेशन मोड में चल जाता है जिससे कैलोरी जमा होती है और फैट का भंडार होता है। जब हम अपने शरीर को सही खाद्य पदार्थों और पर्याप्त स्वस्थ फैट्स देते हैं, तो आपका मेटाबोलिज्म चलता रहता है और आप बेहतर तरीके से अपना वजन कम कर पाते हैं।

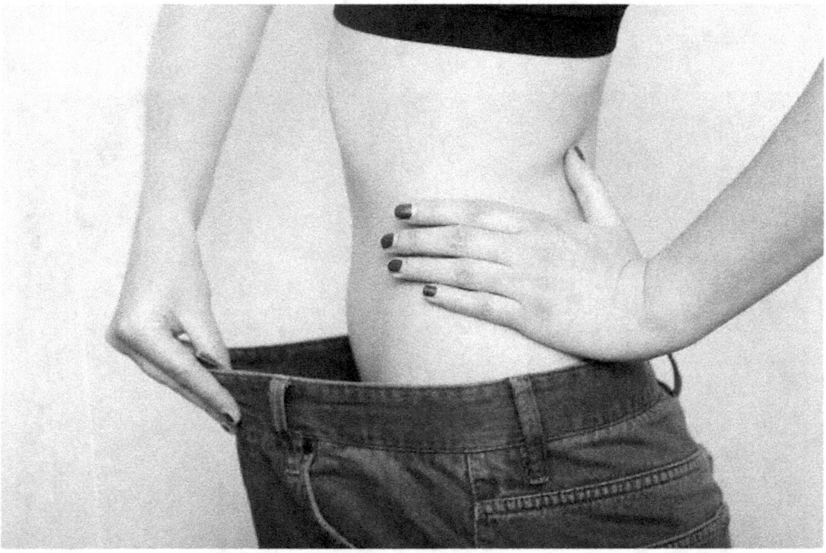

7. फैट उचित इंसुलिन रिलीज के लिए

नारियल के तेल और मक्खन जैसी चीजों में पाए जाने वाले सैचुरेटेड फैट्स सिग्नलिंग मेसेंजर्स पर काम करके उचित नर्व सिगनलिंग का समर्थन करते हैं। ये मेसेंजर्स सीधे

मेटाबोलिज्म को प्रभावित करते हैं, साथ ही इंसुलिन के उचित रिलीज को नियंत्रित करते हैं ।

8. मजबूत हड्डियों और ऑस्टियोपोरोसिस के जोखिम को कम करने के लिए

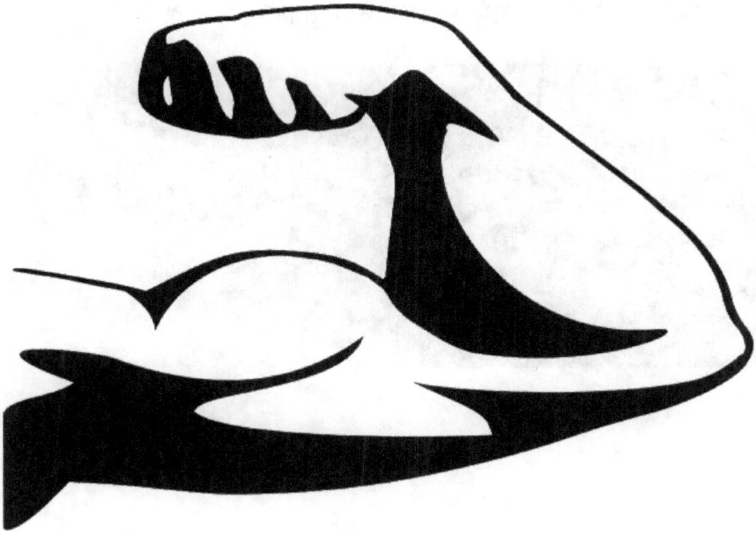

महत्वपूर्ण हड्डियों के निर्माण के विटामिन - विटामिन ए, डी, ई, और के, फैट्स में घुलनशील हैं, जिसका अर्थ है कि उन्हें शरीर में अब्सॉर्ब होने के लिए खाने द्वारा फैट्स की जरुरत होती है। कैल्शियम के मेटाबोलिज्म के लिए भी फैट्स की आवश्यकता होती है।

9. बेहतर रिप्रोडक्टिव स्वास्थ्य के लिए

फैट्स स्वस्थ कोशिका की मेम्ब्रेन के निर्माण के लिए जरुरी हैं। वे हार्मोनल स्वास्थ्य के लिए भी महत्वपूर्ण हैं। सेक्स हार्मोन - टेस्टोस्टेरोन, एस्ट्रोजन, प्रोजेस्टेरोन - सभी कोलेस्ट्रॉल से बने होते हैं। अपने आहार में कम फैट्स लेने से हाइपोथायरायडिज्म, मासिक धर्म की अनियमितता और पुरुषों के लिए कम टेस्टोस्टेरोन जैसे हार्मोनल समस्याओं का खतरा बढ़ सकता है।

10. बेहतर नेत्र स्वास्थ्य के लिए

ओमेगा-3 फैट्स आंखों में सूखेपन की बीमारी से पीड़ित व्यक्तियों को अधिक आँसू पैदा करने में मदद करते हैं। आँसू की कमी के कारण सूखापन, बेचैनी और कभी-कभी धुंधली दृष्टि हो सकती है। ओमेगा-3 फैट्स में एंटीइंफ्लेमेटरी गुण होते हैं जो मधुमेह रेटिनोपैथी की रोकथाम में भूमिका निभा सकते हैं।

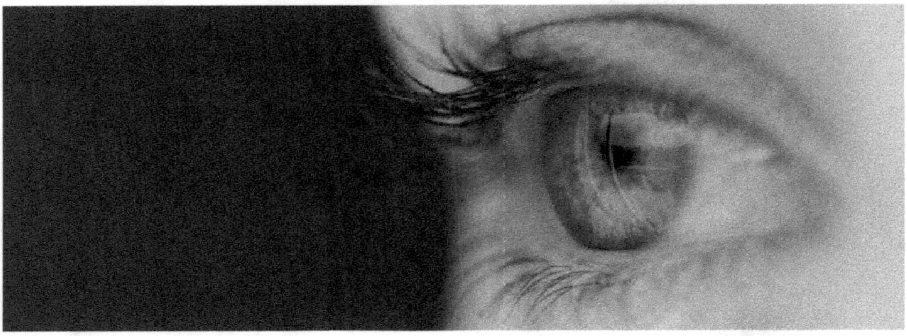

निष्कर्ष

इसमें कोई संदेह नहीं है कि सभी फैट्स स्वास्थ्य के लिए अच्छे नहीं हैं, लेकिन साथ ही, कुछ प्रकार के फैट्स हमारे स्वास्थ्य के लिए आवश्यक हैं। मोनोअनसैचुरेटेड और पॉलीअनसेचुरेटेड फैट्स का उपभोग जितना आप कर सकते हैं करने की कोशिश करें और सैचुरेटेड फैट्स की खपत 10% से कम करें। मक्खन को एक्स्ट्रा वर्जिन जैतून के तेल के साथ और फ्रेंच फ्राइज़ को नट्स में साथ रेप्लस करें। आहार में इन छोटे बदलावों का परिणाम स्वस्थ और लंबा जीवन होगा।

3

बेहतर स्किन के लिए 10 सर्वश्रेष्ठ भोजन

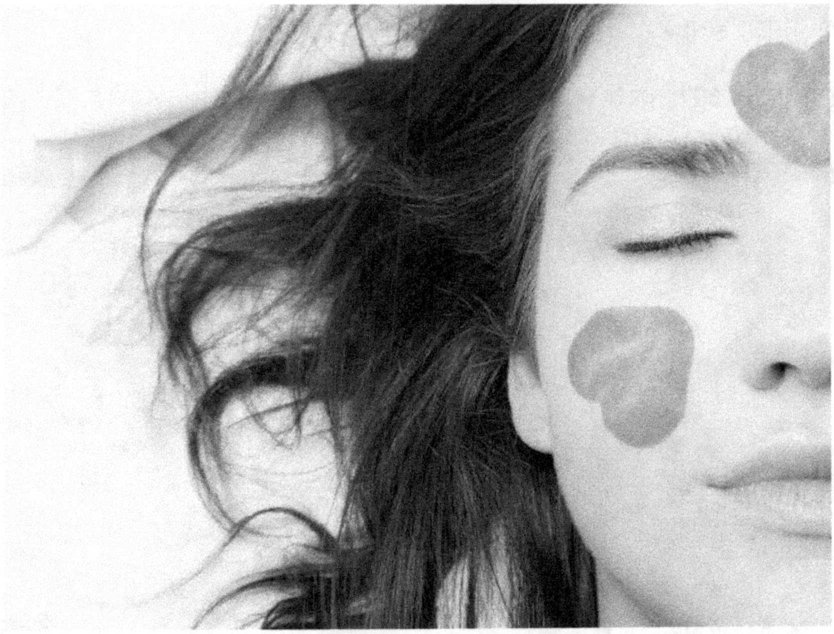

बेहतर स्किन के लिए 10 सर्वश्रेष्ठ भोजन

हमारा जीवन तेजी से कम सहानुभूति और तनावपूर्ण होता जा रहा है, जो हमारी त्वचा के स्वास्थ्य पर अतिरिक्त तनाव डाल रहा है। प्रोसेस्ड फूड पर हमारी निर्भरता दिन-ब-दिन बढ़ती जा रही है। प्रोसेस्ड एंड रिफाइंड फूड त्वचा पर सूजन के लिए ईंधन का काम करती है । त्वचा की सूजन के कारण लालिमा, मुँहासे और झुर्रियाँ हो सकती हैं।

लेकिन प्रकृति के पास सभी समस्याओं का समाधान है। हम कुछ जादुई भोजन से ब्लेस्ड हैं जो त्वचा की कोशिकाओं को सूरज की किरणों से बचाते है, त्वचा को हाइड्रेटेड रखते है, और त्वचा को फ्री रेडिकल्स नामक हानिकारक अणुओं की क्षति को सीमित करते है, जिससे चिकनी और सौम्य त्वचा के लिए मजबूत कोशिकाओं का निर्माण होता है।

नीचे बेहतर और स्वस्थ त्वचा के लिए 10 सर्वश्रेष्ठ खाद्य पदार्थ दिए गए हैं:

1. बादाम

बादाम विटामिन ई और एंटीऑक्सिडेंट का एक बड़ा स्रोत हैं, जो फ्री रेडिकल्स से लड़ते हैं और सूजन को कम करते हैं, जिससे आपकी त्वचा स्वस्थ और युवा रहती है। डर्मेटाइटिस की समस्या वाले लोगों को रोजाना बादाम खाना चाहिए। बादाम में

एंटीऑक्सिडेंट यूवी किरणों, प्रदूषण और त्वचा पर खराब आहार से उत्पन्न क्षति से लड़ सकते हैं। बादाम एजिंग, कुपोषित त्वचा के खिलाफ लड़ते हैं, और त्वचा के कैंसर से बचाव करते हैं।

2. डार्क चॉकलेट

कोको बीन्स, जिसमें से चॉकलेट निकाली जाती है, फ़्लेवनॉल्स से भरपूर होते हैं, जो एक बहुत ही शक्तिशाली एंटीऑक्सिडेंट है। यह त्वचा को यूवी क्षति से बचाता है, इसके साथ ही काले धब्बे, चकत्ते और त्वचा के कैंसर से भी बचाता है और एक स्वस्थ चमक के लिए रक्त प्रवाह को बढ़ाता है।

लेकिन ऐसे किसी भी चॉकलेट से बचे जिसमे 70 प्रतिशत से कम कोको हो, जैसे मिल्क चॉकलेट, जिसमें चीनी और डेयरी का भार होता है जो आपकी त्वचा के लिए भयानक हो सकता है। ऐसे चॉकलेट का चयन करे जिसमे कोको की मात्रा ज्यादा हो, जिससे आपको ज्यादा से ज्यादा एंटीऑक्सिडेंट मिले, जो आपकी त्वचा को हाइड्रेट करने और रक्त प्रवाह में सुधार करने में सहायक हो, जिससे आपकी त्वचा को यंग रहे।

3. शिमला मिर्च

पिली और हरी हरी मिर्च बीटा-कैरोटीन का एक उत्कृष्ट स्रोत है, जो एक एंटीऑक्सीडेंट है और आपके शरीर में विटामिन ए में परिवर्तित होता है।

शिमला मिर्च विटामिन सी के सबसे अच्छे स्रोतों में से एक है जो प्रोटीन कोलेजन बनाने के लिए आवश्यक है। कोलेजन त्वचा को मजबूत बनाए रखता है। कैरोटीनॉयड सूरज की संवेदनशीलता और झुर्रियों को कम करता है।

4. अखरोट

अखरोट में ओमेगा-3 और ओमेगा-6 फैटी एसिड्स दोनों किसी भी अन्य नट्स से अधिक होते हैं। ये वे वसा हैं जिन्हें आपका शरीर स्वयं नहीं बना सकता।

ओमेगा-3 फैटी एसिड्स शरीर में इंफ्लामेशन करने वाले पदार्थो को कम करके सोरायसिस या एक्जिमा की स्थिति में सुधार कर सकते हैं।

अखरोट में जिंक होता है, जो घाव भरने और बैक्टीरिया और सूजन दोनों से निपटने के लिए आवश्यक है।

बैरियर के रूप में आपकी त्वचा के ठीक से काम करने के लिए जिंक आवश्यक है। अखरोट आपको एंटीऑक्सिडेंट, विटामिन सी, विटामिन ई और सेलेनियम और प्रोटीन भी प्रदान करता है।

5. टमाटर

लाइकोपीन, टमाटर में पाया जाने वाला एक चमकदार लाल कैरोटीन और कैरोटीनॉयड वर्णक और फाइटोकेमिकल है जो त्वचा को यूवी रौशनी के नुकसान से बचाने के लिए एक शक्तिशाली एंटीऑक्सिडेंट है। यह झुर्रियों को रोकने में भी मदद कर सकता है।

टमाटर भी विटामिन सी का एक अच्छा स्रोत है। फैट शरीर में कैरोटीनॉयड के एब्सॉर्प्शन को बढ़ाता है। जैतून के तेल के साथ टमाटर जैसे कैरोटीनॉयड युक्त खाद्य पदार्थों को खाए। तुरन्त चमकती त्वचा के लिए अपने फेस पैक पेस्ट में टमाटर का पेस्ट मिलाएँ।

6. ग्रीन टी

ग्रीन टी आपकी त्वचा को नुकसान और एजिंग से बचा सकती है। ग्रीन टी में पाए जाने वाले शक्तिशाली यौगिकों को कैटेचिन कहा जाता ,है जो एक प्रकार का पॉलीफेनॉल्स है। इसके एंटीऑक्सिडेंट और एंटीइंफ्लेमेटरी गुण आपकी त्वचा के स्वास्थ्य में कई तरह से सुधार करते है। ग्रीन टी में मौजूद विटामिन के आंखों के नीचे काले घेरे को हल्का करने में मदद करता है।

रोजाना ग्रीन टी पीने से धूप से होने वाले नुकसान को कम किया जा सकता है। ग्रीन टी घाव के निशान और धब्बा और विषाक्त पदार्थों को बाहर निकालने के लिए बहुत बढ़िया है। यह त्वचा की नमी, खुरदरापन, मोटाई और लोच में भी सुधार करता है।

अपने चाय में दूध मिलाने से बचने की कोशिश करें क्योंकि दूध ग्रीन टी के एंटीऑक्सिडेंट के प्रभाव को कम कर सकता है।

7. संतरे

संतरे विटामिन सी, खनिज, आहार फाइबर से भरे खट्टे फल हैं, जो झुर्रियों और उम्र से संबंधित रूखी त्वचा को कम करते हैं। कोलेजन एक प्रोटीन है जो त्वचा को मजबूत रखता है और एजिंग से लड़ता है। कोलेजन के उत्पादन करने के लिए शरीर को विटामिन सी की आवश्यकता होती है। विटामिन सी इम्युनिटी को बढ़ाता है, जिससे संक्रमण और बीमारियों से त्वचा की रक्षा होती है। संतरे में साइट्रिक एसिड की एक उच्च मात्रा होती है, जो त्वचा की एक्सफोलिएटिंग में सहायक होती है और आपकी त्वचा के समग्र रूप को बेहतर बनाने, मुंहासों को ठीक करने में मदद करती है।

संतरे का रस नियमित रूप से पीने से त्वचा के कैरोटिनॉयड एंटीऑक्सीडेंट बढ़ जाता है जो त्वचा को हानिकारक विकिरण, पिगमेंटेशन से बचाने और सूजन को रोकने में मदद कर सकता है। एक एकल मध्यम नारंगी में विटामिन सी की मात्रा दैनिक अनुशंसित सेवन से अधिक है।

8. पपीता

पपीता में त्वचा को हल्का करने वाले गुण होते हैं जो धब्बे और पिगमेंटेशन हटाने में मदद करते हैं। स्वादिष्ट पपीते में एंजाइम पपैन और काइमोपैन, विटामिन ए, सी, और बी और फाइबर होते हैं। पपीता रक्तचाप को कम करने में मदद कर सकता है। पपीता मल त्याग और पाचन में सुधार करता है। यह आपको ताजा और संक्रमण मुक्त त्वचा पाने में मदद कर सकता है, क्योंकि बेहतर पाचन का मतलब है कि आप विषाक्त पदार्थों को बाहर निकालेंगे जो मुँहासे और पिगमेंटेशन को रोक सकते हैं।

9. एवोकाडोस

एवोकाडोस सूर्य की क्षति को रोकने में मदद करता है साथ ही त्वचा को मजबूत और रेजुवेनेट भी करते हैं। एवोकाडोस मोनोअनसैचुरेटेड वसा और पॉलीअनसेचुरेटेड वसा में उच्च होते हैं, जो स्वस्थ वसा होते हैं। त्वचा को लचीला और नमीयुक्त बनाए रखने के लिए इन वसा को पर्याप्त प्राप्त करना आवश्यक है। ये वसा आपके शरीर के कई कार्यों को लाभ पहुँचाते हैं, जिसमें आपकी त्वचा का स्वास्थ्य भी शामिल है। एवोकाडोस सूरज की वजह से त्वचा में होने वाली ऑक्सीडेटिव क्षति से बचाते हैं।

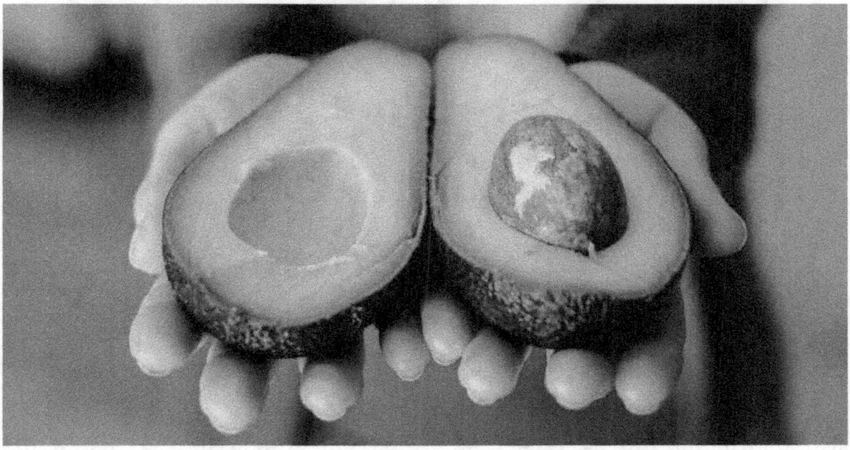

एवोकाडोस विटामिन ए, ई, सी, के, बी6, फोलेट, नियासिन, पैंटोथेनिक एसिड, राइबोफ़्लेविन, कोलीन, ल्यूटिन, पोटेशियम और मैग्नीशियम से भरपूर होते हैं। स्वस्थ वसा का उपभोग करना महत्वपूर्ण है क्योंकि वे स्वस्थ उम्र बढ़ने में सेल अखंडता और सहायता बनाए रखने में मदद करते हैं।

एंटीऑक्सीडेंट विटामिन ए और ई यूवी किरणों से बचाते हैं और त्वचा को नमीयुक्त रखते हैं। एवोकाडोस विटामिन ई का एक अच्छा स्रोत है, जो एक महत्वपूर्ण एंटीऑक्सिडेंट है और आपकी त्वचा को ऑक्सीडेटिव क्षति से बचाने में मदद करता है। कोलेजन बनाने के लिए त्वचा को विटामिन सी की आवश्यकता होती है, जो मुख्य संरचनात्मक प्रोटीन है जो आपकी त्वचा को मजबूत और स्वस्थ रखता है।

10. जैतून का तेल

जैतून के तेल में मुख्य रूप से ओलिक एसिड (83% तक) मोनोअनसैचुरेटेड फैटी एसिड होते हैं, जो युवाओं की ग्रोथ में भूमिका निभा सकते हैं। जैतून के तेल में एंटीऑक्सिडेंट पॉलीफेनोल्स विषाक्त पदार्थों को शरीर से बाहर निकालने में मदद करते हैं और फ्री रेडिकल्स को नुकसान पहुँचाने से भी बचाते हैं।

जैतून का तेल विटामिन ई से भरी हुई है, जो एक एंटीऑक्सीडेंट के रूप में काम करता है और आपकी त्वचा को स्वस्थ और युवा बनाए रखता है। जैतून के तेल को लगाने से त्वचा को यूवी विकिरण से बचाया जा सकता है और त्वचा कैंसर के खतरे को कम किया जा सकता है।

निष्कर्ष

कौन साफ, चिकनी और कोमल त्वचा नहीं चाहता? खाद्य पदार्थ, जैसा कि ऊपर उल्लेख किया गया है, बाजार में आसानी से उपलब्ध हैं। बेहतर त्वचा के लिए सौंदर्य प्रसाधनों पर खर्च करने के बजाय इन खाद्य पदार्थों को खाना एक समझदारी भरा फैसला होगा। अपनी त्वचा के लिए एक अस्थायी समाधान के लिए क्यों जाएं जब आप जीवन में स्थायी स्वस्थ, बेहतर दिखने वाली त्वचा पा सकते हैं। इस पर सोचकर देखिए!

4

बेहतर पाचन के लिए 10 फाइबर से भरपूर खाद्य पदार्थ

बेहतर पाचन के लिए 10 फाइबर से भरपूर खाद्य पदार्थ

आपको अधिक फाइबर खाना चाहिए। आपने शायद पहले सुना हो। लेकिन फाइबर आपके स्वास्थ्य के लिए क्यों अच्छा है, क्या आप जानते हैं? चलिए इसे डिटेल में समझे।

डाइटरी फाइबर क्या है?

डाइटरी फाइबर पौधे से प्राप्त भोजन का हिस्सा है जिसे पाचन एंजाइमों द्वारा पूरी तरह से तोड़ा नहीं जा सकता है। यह अपनी यथा स्थिती में ही आपके पेट, छोटी आंत और कोलन से होकर आपके शरीर से बाहर निकल जाता है।

फाइबर के प्रकार

घुलनशील फाइबर - इस प्रकार का फाइबर पानी में घुल जाता है और कोलन में गैस में फरमेंट हो जाता है। यह प्रीबायोटिक फाइबर कहा जाता है, और गैस्ट्रिक खाली करने में देरी करता है, जो आपको में देर तक पेट भरे रहने का अहसास कराता है।

अघुलनशील फाइबर – इस प्रकार का फाइबर पानी में घुलता नहीं है और पाचन एंजाइमों के लिए निष्क्रिय है और बल्क प्रदान करता है। फाइबर पाचन तंत्र के माध्यम से जाते हुए पानी को सोख लेता है और शौच को आसान करता है।

फाइबर पाचन में कैसे मदद करता है?

फाइबर पाचन स्वास्थ्य में एक प्रमुख भूमिका निभाता है। फाइबर कोलन कोशिकाएं का ईधन है जो उनके स्वस्थ रहने में उपयोगी है। घुलनशील फाइबर कोलेस्ट्रॉल के कणों से जुड़ जाता है और उसे शरीर से बाहर ले जाता है, जिससे कोलेस्ट्रॉल के स्तर को कम करने और ह्रदय रोग के जोखिम को कम करने में मदद मिलती है, जबकि अघुलनशील फाइबर आपके मल त्याग को नरम और नियमित रखकर पाचन तंत्र को दुरूस्त रखने में मदद करता है।

नीचे आपके बेहतर पाचन के लिए 10 फाइबर युक्त खाद्य पदार्थ दिए गए हैं:

1. चिया सीड्स

चिया सीड्स छोटे काले बीज होते हैं जो पानी के संपर्क में आने पर एक जेल बनाते हैं। वे अत्यधिक पौष्टिक होते हैं, जिनमें उच्च मात्रा में मैग्नीशियम, फॉस्फोरस और कैल्शियम होता है। चिया सीड्स फाइबर में बहुत अधिक हैं।

चिया सीड्स के फाइबर पानी की अच्छी मात्रा को अब्सॉर्ब करते है और पेट में फैलते हैं, जिससे आपको अधिक समय तक पेट भरा हुआ महसूस होता है। फाइबर, प्रोटीन और खनिजों का एक अद्भुत स्रोत, चिया सीड्स कोलेस्ट्रॉल को कम करने, आंत्र समारोह को बढ़ावा देने और शरीर में सूजन को कम करने के लिए एकदम सही हैं। चिया के बीजों को रात भर भिगोएँ और उन्हें अपने पसंदीदा स्मूदी में डाल के नाश्ते में खाएं ताकि आपके डेली रेकमेंडेड फाइबर को प्राप्त किया जा सके।

2. ओट्स

ओट्स विटामिन, खनिज, और एंटीऑक्सीडेंट में उच्च हैं। इनमें ओट बीटा-ग्लूकन नामक एक शक्तिशाली घुलनशील फाइबर होता है, जिसका रक्त शर्करा और कोलेस्ट्रॉल के स्तर पर प्रमुख लाभकारी प्रभाव पड़ता है। ओटमील के घुलनशील फाइबर आपके आंत में कोलेस्ट्रॉल के साथ बंधता है, अतिरिक्त कोलेस्ट्रॉल को शरीर

से बाहर निकालने में मदद करता है, अंततः आपके कोलेस्ट्रॉल के स्तर को कम करता है। जैसा कि यह पाचन तंत्र के माध्यम से जाता है, यह एक जेल में बदल जाता जाता है, जो पाचन को धीमा कर देता है, जिससे आप लंबे समय तक भरा हुआ महसूस करते हैं। ओट्स पाचन तंत्र में अच्छे बैक्टीरिया की ग्रोथ को बढ़ाता है।

3. काबुली चना

काबुली चना एक प्रकार का लेगयूम है जो प्रोटीन और खनिजों सहित पोषक तत्वों से भरा होता है। काबुली चना प्रीबायोटिक फाइबर से भरपूर होता है जो आपके पाचन तंत्र में स्वस्थ बैक्टीरिया के लिए भोजन का काम करता है। यह कुछ पाचन स्थितियों जैसे कि इर्रिटेबल बोवेल सिंड्रोम और पेट के कैंसर के जोखिम को कम करता है। प्रोटीन और फाइबर पाचन को धीमा करने के लिए साथ में काम करते हैं, जो परिपूर्णता को बढ़ावा देने में मदद करता है। काबुली चना में घुलनशील फाइबर होता है, यह पानी के साथ मिश्रित होता है और पाचन तंत्र में एक जेल जैसा पदार्थ बनाता है।

4. दाल

दाल प्रोटीन के साथ साथ कई महत्वपूर्ण पोषक तत्वों से भरी होती है। दाल में अघुलनशील और घुलनशील फाइबर दोनों होते हैं। इसका मतलब है कि वे आपको पेट में विस्तार और पानी को अब्सॉर्ब करके फुलनेस का आभास कराते हैं। इसके अतिरिक्त, फाइबर शरीर से अपशिष्ट, अतिरिक्त वसा और विषाक्त पदार्थों को बाहर ले जाकर हृदय, पाचन प्रतिरक्षा और मेटाबोलिज्म को बेहतर बनाने में मदद कर सकते हैं।

5. सेब

सेब सबसे स्वादिष्ट और सबसे संतोषजनक फल है जो आप खा सकते हैं। वे फाइबर में भी अपेक्षाकृत अधिक हैं। सेब में एक अद्वितीय प्रकार का फाइबर होता है जिसे पेक्टिन कहा जाता है, जो कि घुलनशील प्रकृति और शरीर में कोलेस्ट्रॉल या विषाक्त पदार्थों को बांधने और उनसे छुटकारा पाने की क्षमता के कारण पाचन में सुधार करने में मदद करता है। फाइबर की उच्च मात्रा के कारण, सेब आपको पूर्ण महसूस कराता है; भोजन से आधा घंटा पहले एक सेब खाने से भोजन की कैलोरी में कटौती होती है।

6. शकरकंद

शकरकंद सुपर हेल्दी होते हैं और स्वादिष्ट मीठे स्वाद वाले होते हैं। इनमे बीटा-कैरोटीन, बी विटामिन और विभिन्न खनिजों बहुत अधिक होते हैं। यदि आप अपने पाचन तंत्र को लाभ पहुँचाना चाहते हैं, तो उनकी खाल के साथ खाएं। छिलके के साथ, शकरकंद की फाइबर मात्रा बेहतर हो जाती है। शकरकंद की स्टार्चयुक्त बनावट में फाइबर होता है, जो पाचन को सहायक बनाता है। वे पेट और आंतों के लिए सहायक हैं ताकि आप उन्हें पचाने की किसी भी कठिनाइयों से बच सकें।

7. राजमा/ किडनी बीन्स

किडनी बीन्स पाचन के लिए अच्छे होते हैं। किडनी बीन्स में घुलनशील और अघुलनशील फाइबर दोनों होते हैं, जो आपके पाचन तंत्र को सुचारू रूप से चालू रखते हैं। घुलनशील फाइबर पाचन को धीमा कर देता है, जिससे आपको पूर्ण

एहसास होता है, और अघुलनशील फाइबर कब्ज को रोकने में मदद करता है। लेकिन गैस और पेट फूलने जैसी समस्याओं से बचने के लिए इन्हे ज़्यादा न करें।

8. ब्रसेल्स स्प्राउट्स

ब्रसेल्स स्प्राउट एक प्रकार की क्रूसिफायर सब्जी है जो मिनी कैबेज से मिलती जुलती है। वे विटामिन के, फोलेट, पोटेशियम और शक्तिशाली कैंसर से लड़ने वाले एंटीऑक्सीडेंट के साथ-साथ आहार फाइबर में उच्च हैं। ब्रसेल्स स्प्राउट्स खाने से फाइबर के अन्य अच्छे स्रोत जैसे फल, सब्जियां, और साबुत अनाज आसानी से आपकी दैनिक फाइबर की जरूरतों को पूरा करने में मदद कर सकते हैं।

ब्रसेल्स स्प्राउट्स ग्लूकोसैट के रूप में जाने जाने वाले पदार्थों में समृद्ध हैं, जो पेट के म्यूकोसल अस्तर की रक्षा करते हैं और पाचन विकारों के जोखिम को कम करते हैं।

9. गाजर

गाजर में विटामिन के, विटामिन बी6 , मैग्नीशियम और बीटा-कैरोटीन की मात्रा अधिक होती है, बीटा-कैरोटीन एक एंटीऑक्सिडेंट है जो शरीर में विटामिन ए में बदल जाता है। वे आंखों के लिए अच्छे हैं और वे पाचन के

लिए भी अच्छे हैं। वे फाइबर और एंटीऑक्सिडेंट का एक बहुत अच्छा स्रोत हैं और आपको अच्छे पाचन स्वास्थ्य को बनाए रखने में मदद कर सकते हैं।

गाजर में घुलनशील फाइबर आपके पाचन अंगों को कई तरह से फायदा पहुँचा सकते हैं, और पाचन को बढ़ावा देते हैं। यह फाइबर आपके पाचन तत्र को स्वस्थ बनाये रखने के लिए आवश्यक है और कोलेस्ट्रॉल के स्तर को स्वस्थ रखने में भी मदद करता है।

10. एवोकाडो

एवोकाडो फलों में फाइबर का सबसे अच्छा स्रोत हैं। यह स्वस्थ मोनोअनसैचुरेटेड वसा और पोटेशियम जैसे आवश्यक पोषक तत्वों के साथ फाइबर से भरपूर होता है, जो स्वस्थ पाचन क्रिया को बढ़ावा देने में मदद करता है। इसके अलावा, यह बीटा-कैरोटीन को विटामिन ए में परिवर्तित करने में मदद करता है। यह पेट के म्यूकोसल स्तर को बनाए रखने में मदद करता है, जो पाचन प्रक्रियाओं में मदद करता है। यह कम फ्रुक्टोज वाला भोजन है, इसलिए इससे गैस होने की संभावना कम होती है। एवोकाडोस के फाइबर कब्ज को रोकने, स्वस्थ पाचन तंत्र को बनाए रखने और पेट के कैंसर के खतरे को कम करने में मदद कर सकते हैं।

निष्कर्ष

अच्छा पाचन एक स्वस्थ जीवन के लिए महत्वपूर्ण है। अपने पाचन तंत्र को स्वस्थ रखकर आप कई बीमारियों को दूर रख सकते हैं। फाइबर युक्त खाद्य पदार्थ आपके सिस्टम के माध्यम से भोजन को आसानी से या जल्दी से पचाने में पाचन में महत्वपूर्ण भूमिका निभाते हैं। यदि आप अपने पाचन संकट से राहत चाहते हैं, तो अपने आहार में फाइबर युक्त खाद्य पदार्थों को शामिल करें। आखिरकार, रोकथाम इलाज से बेहतर है।

5

10 डाइटिंग के बिना वजन कम करने के स्मार्ट तरीके

10 डाइटिंग के बिना वजन कम करने के स्मार्ट तरीके

डाइट प्लान में लंबे समय तक टिके रहना चुनौतीपूर्ण हो सकता है। कल्पना करें कि आप जो भी पसंद करते हैं उसे खाएं और फिर भी एक इंच अतिरिक्त वसा प्राप्त नहीं करें। हाँ, ऐसा मुमकिन है! डाइटिंग या एक्सरसाइज किए बिना वजन कम करने के अन्य स्मार्ट तरीके हैं। अपने जीवन में निम्नलिखित युक्तियों को लागू करें और अपना इच्छित वजन बनाए रखें जिसका आप हमेशा सपना देखते हैं। ये तरीके हर किसी के लिए काम करते हैं और वजन कम करने के लिए सबसे अच्छे रहस्य हैं।

डायटिंग के बिना वजन कम करने के 10 स्मार्ट तरीके ध्यान से पढ़ें:

1. अपना पेट पिचका के रखे

जब आप भोजन करते समय अपने पेट को थोड़ा अंदर की तरफ़ खींच के रखते हैं तो आप कम खाते हैं। इसका मतलब यह नहीं है कि आप अपने आप को बहुत अधिक बल दे, पर यह तरीका हमेशा काम करता है। थोड़े कसे कपड़े पहनना या कमरबंद के साथ एक पोशाक पहनना एक उपकरण के रूप में काम करता है जो

आपको धीमे खाने के लिए प्रेरित करता है। न केवल भोजन करते समय, बल्कि सामान्य रूप से जैसे लैपटॉप के सामने बैठकर या टेलीविजन देखते हुए अपना पेट अंदर खींच के रखें, जल्द ही यह एक आदत बन जाएगी।

2. ज़ोर से हँसे

हँसी तनाव के लिए एक महान एंटीडोट है। हँसने से ऊर्जा व्यय बढ़ जाता है और हृदय गति 10% से 20% बढ़ जाती है। हँसी तनाव हार्मोन कोर्टिसोल के स्तर को कम करती है, जो मेटाबोलिज्म को कम करती है और पेट में वसा को जमने से पचाती है। इसका मतलब है कि हँसी आपके मेटाबोलिज्म को स्वाभाविक रूप से बेहतर बनाने में मदद करती है, जो बदले में आपके शरीर को अधिक कैलोरी जलाने और वजन कम करने के लिए प्रभावित करती है।

3. अच्छे से नींद लें

नींद मस्तिष्क के लिए पोषण की तरह है। अधिकांश लोगों को प्रत्येक रात 7 से 9 घंटे के बीच की आवश्यकता होती है। बहुत कम नींद एक कोर्टिसोल स्पाइक को ट्रिगर करती है। यह स्ट्रेस हॉर्मोन आपके शरीर को जगाये जगाए रखने में प्रेरित करती है। नींद की कमी भूख को नियंत्रित करने वाले हार्मोन लेप्टिन और घ्रेलिन को बाधित कर सकती है। इन हार्मोनों में उतार-चढ़ाव होने से अस्वास्थ्यकर भोजन के लिए आपकी भूख और तड़प बढ़ती है, जिससे उच्च कैलोरी प्राप्त होती है। नींद की कमी और तनाव से मोटापा और टाइप 2 मधुमेह सहित कई बीमारियों का खतरा बढ़ सकता है।

4. भूख से कम खाएं

आप जो चाहें खा सकते हैं, लेकिन वजन कम करने का सीक्रेट इसके हिस्से को नियंत्रित करना है। प्लेट में ज्यादा खाना लोगों को अधिक खाने के लिए प्रोत्साहित करता है और उन्हें वजन बढ़ने और मोटापे में वृद्धि से जोड़ कर देखा गया है। वजन कम करने के लिए, आपको खाने की तुलना में अधिक कैलोरी जलाने की आवश्यकता होती है, जिसका सीधा मतलब है खाने की मात्रा को नियंत्रित करना।

जब आप बाहर खा रहे हैं, तो खाना शेयर करें, आधा खाएं, या एक दोस्त के साथ भोजन बाँट के खाए।

5. नाश्ते में प्रोटीन खाएं

प्रोटीन महत्वपूर्ण है क्योंकि यह आपको लंबे समय तक पूर्ण महसूस करने में मदद करता है। ऐसा इसलिए है क्योंकि प्रोटीन कई हार्मोन को प्रभावित करता है जो भूख और परिपूर्णता में भूमिका निभाते हैं, जिसमें घ्रेलिन और जीएलपी -1 शामिल हैं।

नाश्ते में प्रोटीन खाने से पाचन धीमा हो जाता है जिससे आप परिपूर्णता की भावनाओं को बढ़ाकर और भूख को कम करके अधिक संतुष्ट महसूस करते हैं, और पूरे दिन में कम कैलोरी खाते हैं। प्रोटीन युक्त खाद्य पदार्थों के कुछ उदाहरणों में दाल, क्विनोआ, बादाम और ग्रीक दही शामिल हैं।

6. भोजन के बाद सैर करें

खाने के तुरंत बाद चलना कुछ कैलोरी जलाने और पाचन में सहायता करने का एक आसान तरीका है। भोजन के बाद कम से कम 15 मिनट टहलना, वास्तव में, पाचन में मदद और रक्त शर्करा के स्तर में सुधार, आपकी ऊर्जा को बढ़ावा देने और कैलोरी जलाने में मदद कर सकता है। दोपहर और रात के खाने के तुरंत बाद 30 मिनट के लिए चलना, भोजन के सेवन के एक घंटे बाद शुरू होने वाले 30 मिनट के लिए चलने की तुलना में अधिक वजन घटाने में मदद करता है।

7. अपने आहार में मिर्च शामिल करें

मिर्च खाने से आपको अपने मेटाबोलिज्म को तेज करने और वसा को जला के वजन कम करने में मदद मिलती है। कैपिसिसिन, जो मिर्च में मौजूद एक पदार्थ है, उन्हें उनकी गर्मी देता है। कैप्सैसिन द्वारा प्रदान की जाने वाली गर्मी, आपके शरीर की वसा को एनर्जी में बदलने में मदद करती है और इस प्रकार वसा जलती है, जिसके परिणामस्वरूप वजन कम होता है।

8. फाइबर युक्त आहार लें

फाइबर युक्त खाद्य पदार्थ खाने से तृप्ति बढ़ती है, जिससे आपको अधिक समय तक फुलर महसूस करने में मदद मिलती है। फाइबर में फ्लश इफेक्ट होता है, जिसका अर्थ है कि यह आपके द्वारा खाए गए भोजन से कैलोरी के अब्सॉर्प्शन को कम करने में मदद करता है। फाइबर आपके शरीर में कार्बोहाइड्रेट्स को शर्करा में बदलने की प्रक्रिया को धीमा कर देता है। यह रक्त शर्करा के स्तर को स्थिर करने और वजन कम करने में आपकी सहायता करता है। आप बहुत अधिक कैलोरी खाए बिना फाइबर युक्त भोजन खा सकते हैं। फाइबर युक्त खाद्य पदार्थों के कुछ उदाहरणों में अलसी, ओट्स, बीन्स, संतरे, और ब्रसेल्स स्प्राउट्स शामिल हैं।

9. जब आप स्नैक्स के लिए तरसते हैं तब पानी पिएं

पानी पीने से आपको कम खाने और वजन कम करने में मदद मिलती है क्योंकि पानी भूख को दबाता है। यदि आप एक विशिष्ट भोजन के लिए अचानक क्रेविंग महसूस करते हैं, तो एक बड़ा गिलास पानी पिए और कुछ मिनट प्रतीक्षा करें। कभी-कभी हमारा शरीर गलत अलार्म देता है। एक दिन में कम से कम 8 गिलास (250 मिली) गिलास पानी पिएं। यदि आप कैलोरी से भरे पेय - जैसे सोडा या जूस - को पानी से रेप्लस करते हैं तो आप और भी अधिक तेजी से वजन घटाएंगे। धीरे-धीरे और अच्छी तरह चबाकर खाएं

10. धीरे-धीरे और अच्छी तरह चबाकर खाएं

आपके मस्तिष्क को परिपूर्णता संकेत प्राप्त करने के लिए समय चाहिए। आपके मस्तिष्क को यह संकेत मिलने में 20 मिनट तक का समय लगता है कि आपका पेट भरा हुआ है। बहुत जल्दी खाना खाने से अक्सर आप ओवरईटिंग कर लेते है। जब आप धीरे-धीरे खाते हैं, तो आप भोजन की कम मात्रा का सेवन करते हैं। अपने भोजन को अच्छी तरह से चबाने से आप अधिक धीरे-धीरे खाते हैं। आपको अपने

भोजन को कम से कम 32 बार चबाना चाहिए। अपने भोजन को अच्छी तरह से चबाने से पाचन में भी सुधार होता है और आप तेजी से अपना वजन कम करते हैं।

निष्कर्ष

जीवनशैली में कुछ सरल परिवर्तन आपके वजन पर लंबे समय तक प्रभाव डाल सकते हैं। उपरोक्त युक्तियों का सबसे अच्छा हिस्सा यह है कि आपको अपने पसंदीदा भोजन को पूरी तरह से त्यागने की आवश्यकता नहीं है। हालांकि, इन स्वस्थ आदतों में व्यायाम को शामिल करने से आपके वजन घटाने के परिणाम में सुधार हो सकता है। एक बार में सभी युक्तियों को लागू करके अपने आप पर बोझ न लें। एक-एक करके युक्तियों को लागू करें, जल्द ही यह आपकी आदत बन जाएगी, और मुझे यकीन है कि आपको अपने जीवन में फिर से डाइट करने की आवश्यकता महसूस नहीं होगी।

6

10 वजह क्यों आपको हर दिन बादाम खाना चाहिए

10 वजह क्यों आपको हर दिन बादाम खाना चाहिए

बादाम मेवो में सबसे स्वास्थ्यप्रद हैं। प्राकृतिक, अनसाल्टेड बादाम एक पौष्टिक स्नैक है, जिसमें प्रचुर मात्रा में स्वास्थ्य लाभ वाले खनिज होते हैं। दिन में सिर्फ एक मुट्ठी बादाम (10-15 बादाम) दिल की सेहत, त्वचा और बालों के स्वास्थ्य को बढ़ावा देने और वजन बढ़ने से रोकने में मदद करता है, और यह अल्जाइमर और डायबिटीज जैसी बीमारियों से लड़ने में भी मदद करता है।

बादाम के प्रकार:

कड़वा: ये बादाम तेल बनाने के लिए उपयोग किया जाता है, जिसके कई फायदे हैं।

मीठा: मीठे बादाम खाने में उपयोग किया जाते हैं।

नीचे 10 वजह दिए है की क्यों आपको हर दिन बादाम खाना चाहिए:

1. बादाम से त्वचा के स्वास्थ्य में सुधार होता है

अगर आप चमकदार और स्वस्थ त्वचा चाहते हैं तो बादाम खाएं! बादाम विटामिन ई और एंटीऑक्सिडेंट का एक बड़ा स्रोत है, जो फ्री रेडिकल्स से लड़ते हैं और सूजन को कम करते हैं, जिससे आपकी त्वचा स्वस्थ और युवा रहती है। डर्मेटाइटिस की समस्या वाले लोगों को रोजाना बादाम खाना चाहिए। बादाम में एंटीऑक्सिडेंट यूवी किरणों, प्रदूषण और त्वचा पर खराब आहार से उत्पन्न क्षति से लड़ते हैं। बादाम उम्र बढ़ने, कुपोषित त्वचा के खिलाफ लड़ते हैं और त्वचा के कैंसर को रोकते हैं।

2. बादाम से मस्तिष्क स्वस्थ रहता है

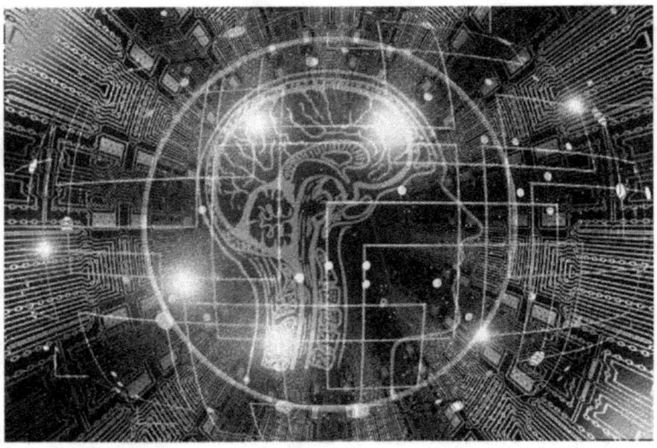

बादाम राइबोफ्लेविन और एल-कार्निटाइन में समृद्ध हैं। ये दो पदार्थ संज्ञानात्मक गिरावट को रोकते हैं और मस्तिष्क में इंफ्लामेशन को कम करते हुए स्वस्थ न्यूरोलॉजिकल गतिविधि का समर्थन करते हैं। हर दिन बादाम खाने से डिमेंशिया और अल्जाइमर जैसी संज्ञानात्मक बीमारियों को रोका जा सकता है।

3. बादाम बालों के स्वास्थ्य में सुधार करते हैं

बादाम में अत्यधिक मात्रा में बायोटिन होता है। एक मुट्ठी बादाम में आपके दैनिक आवश्यकता से 50 प्रतिशत से अधिक बायोटिन होता है। बायोटिन (विटामिन एच के रूप में भी जाना जाता है) कई शारीरिक प्रक्रियाओं में मदद करता है, लेकिन स्वस्थ बालों के निर्माण में इसकी सबसे प्रमुख भूमिका है। बायोटिन में कमी से अस्वास्थ्यकर स्कैल्प, रूखे और बेजान बाल हो सकते हैं। चूंकि बादाम का सिर्फ एक ही सर्विंग

आपके दैनिक आवश्यकता से आधे से अधिक है, ये बालों को मजबूत, स्वस्थ और सुंदर रखने के लिए एक शानदार भोजन है।

4. बादाम दिल को हेल्दी रखता है और हार्ट अटैक को रोकता है

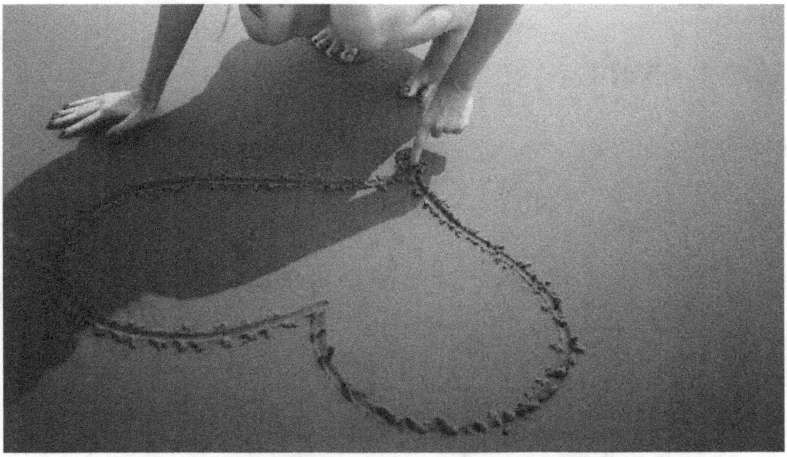

बादाम में मोनोअनसैचुरेटेड और पॉलीअनसेचुरेटेड वसा के उच्च स्तर होते हैं जो अच्छे वसा के रूप में भी जाने जाते हैं। इनका कोलेस्ट्रॉल पर एक महत्वपूर्ण सकारात्मक प्रभाव होता है। एक बेहतर कोलेस्ट्रॉल प्रोफ़ाइल ब्लॉकेज के जोखिम को बहुत कम कर देता है। ब्लॉकेज दिल के दौरे और स्ट्रोक के पीछे का सबसे बड़ा कारण है। अधिक बादाम खाना मतलब दिल को स्वस्थ रखना।'

5. वजन घटाने के लिए बादाम खाएं

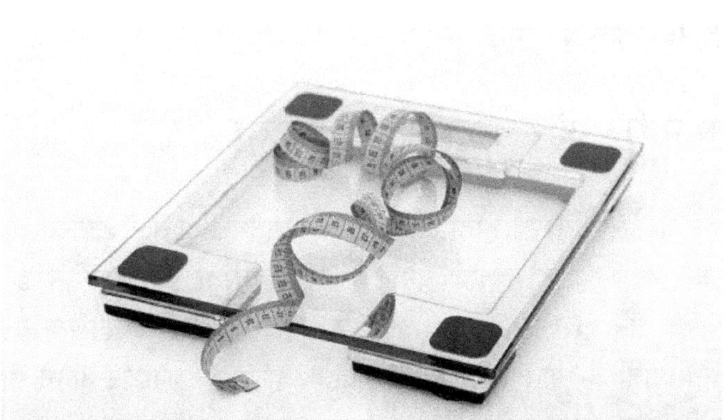

बादाम बहुत सारे फाइबर और प्रोटीन से भरे होते हैं जो पचने में अधिक समय लेते हैं, जिसके परिणामस्वरूप आपका पेट ज्यादा समय तक भरा रहता है और आपको कम क्रेविंग होती है। प्रोटीन मांसपेशियों के विकास में मदद करता है। बादाम एक लो-कार्ब स्नैक हैं और जो लोग लो कार्ब आहार पर हैं, उनके लिए यह एक अच्छा स्नैक है।

6. बादाम रक्तचाप को सामान्य बनाए रखता है

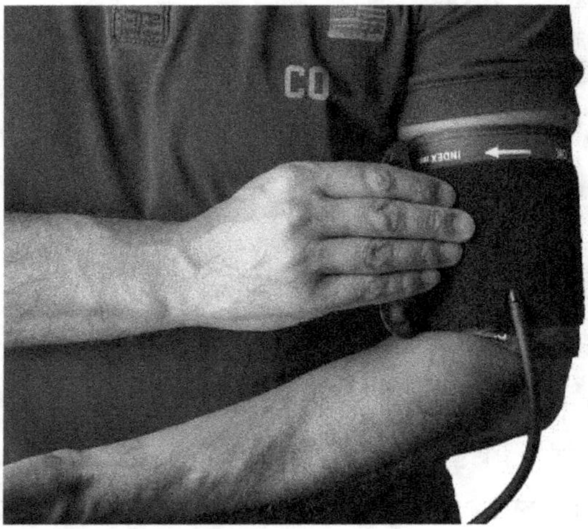

बादाम मैग्नीशियम की कमी को रोकता है। मैग्नीशियम में कमी उच्च रक्तचाप से जुड़ी हुई है। यदि आप अपने आहार से मैग्नीशियम पूर्ति नहीं कर पा रहे हैं तो बादाम को अपने आहार में शामिल करके मैग्नीशियम की पूर्ति कर सकते हैं। बादाम में मैग्नीशियम रक्तचाप के स्तर को कम करने में मदद करता है। उच्च रक्तचाप दिल के दौरे, स्ट्रोक और गुर्दे की विफलता के प्रमुख कारणों में से एक है।

7. बादाम पाचन और मेटाबोलिज्म बढ़ाता है

बादाम पाचन के लिए अच्छा होता है। बादाम फायदेमंद आंत बैक्टीरिया के स्तर को बढ़ाकर पाचन स्वास्थ्य को बेहतर बनाने में मदद करता है। विटामिन ई और अन्य खनिजों में उच्च होने के साथ, बादाम को अब आंत में अच्छे बैक्टीरिया को बढ़ाने के लिए भी माना जाता है। बादाम के दूध में फाइबर होता हैं। फाइबर अपने पाचन-बढ़ाने वाले लाभों के लिए जाना जाता है, इस प्रकार, बादाम का दूध काफी हद तक अपच

की समस्या को कम करता है। स्वस्थ पाचन शरीर से अवांछित और अस्वास्थ्यकर विषाक्त पदार्थों को बाहर निकालने में मदद करता है और यह मेटाबोलिज्म दर को भी बढ़ाता है।

8. बादाम कैंसर को रोकता है

बादाम विटामिन ई, फाइटोकेमिकल्स और फ्लेवोनोइड्स का एक उत्कृष्ट भंडार है, जो स्तन कैंसर कोशिकाओं के विकास को नियंत्रित करते हैं। बादाम में फाइबर शरीर को डिटॉक्स करने में मदद करता है। यह भोजन को पाचन तंत्र के माध्यम से अधिक कुशलता से स्थानांतरित करने में सक्षम बनाता है। यह प्रक्रिया पाचन तंत्र को साफ करती है जिससे पेट के कैंसर का खतरा कम होता है।

9. बादाम हड्डियों और दांतों को मजबूत बनाता है

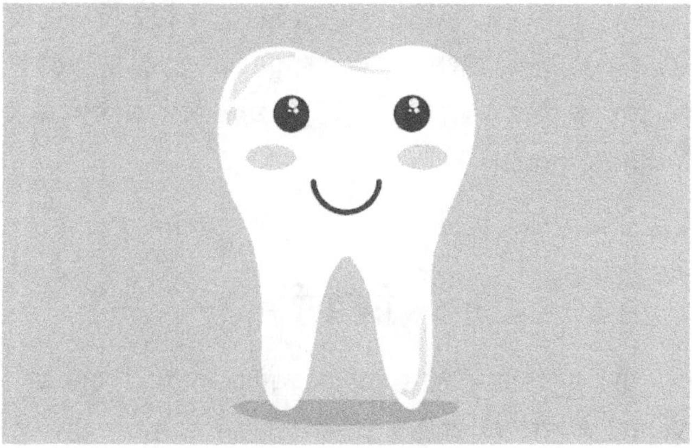

बादाम में कैल्शियम की रेकमेंड दैनिक खुराक के लगभग 200 मिलीग्राम होते हैं। वे अन्य पोषक तत्वों जैसे फाइबर, मैंगनीज, फास्फोरस, विटामिन ई से भी भरा है, जो ऑस्टियोपोरोसिस को रोकते हैं और दांतों को मजबूत करते हैं। बादाम बोन मिनरल के घनत्व में सुधार करता है और स्केलेटल सिस्टम को मजबूत बनाता है।

10. बादाम बर्थ डिफेक्ट्स को रोकता है

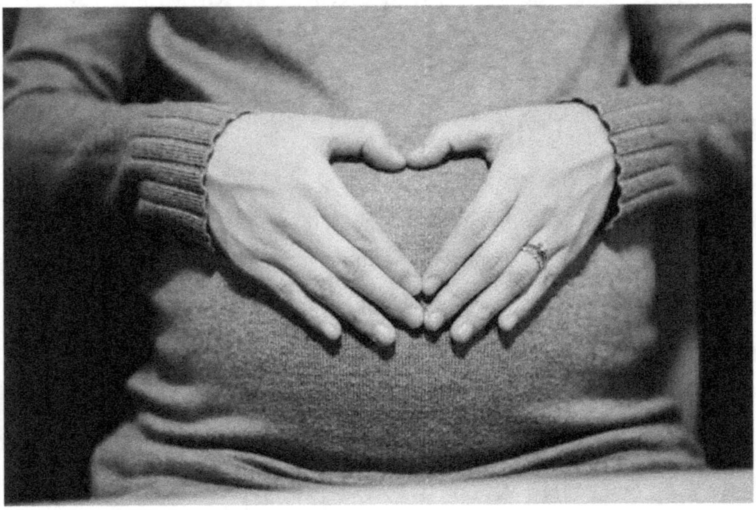

बादाम में फोलिक एसिड गर्भ में शिशु की न्यूरल ट्यूब डिफेक्ट से रक्षा करता है। फोलिक एसिड स्वस्थ सेल्स ग्रोथ में बड़ा योगदान करता है, और इसलिए, यह भ्रूण के स्वस्थ विकास के लिए बहुत महत्वपूर्ण है। यह नर्वस सिस्टम और हड्डियों के विकास में भी मदद करता है।

निष्कर्ष

आपको हमेशा भीगे हुए बादाम खाने चाहिए क्योंकि बादाम भिगोने से इसमें मौजूद एंजाइम इन्हिबिटर्स बेअसर हो जाते है, जिससे पाचन में सुधर होता है। बादाम को भिगोने से बादाम की बाहरी परत में फाइटिक एसिड को कम करने में मदद मिलती है। बादाम की बाहरी परत कैल्शियम अब्सॉर्प्शन को कम करती है और मैग्नीशियम, लोहा, तांबा और ज़िंक की मात्रा को भी प्रभावित करती है। भीगे हुए बादाम में विटामिन बी अधिक होता है जो ग्लूटन के टूटने में मदद करता है। इससे कॉलन में विषाक्त पदार्थ बेअसर होते है और शरीर में अधिक प्रोटीन अब्सॉर्प्शन के लिए उपलब्ध होता है। यह भी ध्यान में रखा जाना चाहिए कि बादाम में कैलोरी होती है, इसलिए इसे नियंत्रित मात्रा में सेवन करे। बादाम का अधिक सेवन हृदय के साथ-साथ आपके वजन के लिए भी बुरा हो सकता है।

7

10 वजह क्यों आपको शराब पीना छोड़ देना चाहिए

10 वजह क्यों आपको शराब पीना छोड़ देना चाहिए

कई लोगों के लिए, शराब का सेवन जीवन का एक हिस्सा बन गया है। शराब मूल रूप से एक रसायन है जो शरीर को नुकसान पहुँचा सकती है, जिसके परिणामस्वरूप मृत्यु भी हो सकती है। फिर भी शराब पीने को कई हिस्सों में सामाजिक रूप से स्वीकार्य माना जाता है क्योंकि यह लीगल है। कई लोग शराब को एक तनाव निवारक मानते हैं, जिसके सहारे वो दिनभर की चिंताओं और तनाव को भूल जाना चाहते हैं। एक अध्ययन के अनुसार, यह साबित होता है कि किसी भी मात्रा में शराब का सेवन स्वास्थ्य के लिए बुरा है। यदि आप अभी भी आश्वस्त नहीं हैं, तो ध्यान से पढ़ें नीचे दिए सबसे महत्वपूर्ण वजह जीनके कारण आपको जितनी जल्दी हो सके शराब छोड़ना चाहिए।

नीचे शीर्ष 10 कारण हैं कि क्यों आपको शराब पीना छोड़ देना चाहिए:

1. अवसाद को बढ़ावा देता है

क्या आप इस बात से चिंतित हैं कि आप हर समय, हर छोटे मुद्दे के लिए उदास क्यों महसूस करते हैं? शराब सीधे सेंट्रल नर्वस सिस्टम को सप्रेस करता है जो मूड की स्थिरता को भंग करता है और अवसाद को बढ़ावा देता है।

2. मस्तिष्क विकार

शराब मेमोरी की प्रक्रिया में हस्तक्षेप करता है और नए सीखने की क्षमता को प्रभावित करता है, मात्र एक या दो शॉट्स ही धुंधली दृष्टि, धीमी प्रतिक्रिया टाइम, बिगड़ी स्मृति और संतुलन की हानि का कारण बन सकते हैं। जब व्यक्ति शराब पीना बंद कर देता है तो ऐसे शार्ट टर्म प्रभाव गायब हो जाते हैं, लेकिन लंबे समय तक शराब के सेवन से मस्तिष्क संबंधी विकार हो सकते हैं, जो गंभीर रूप से नुक्सान पहुँचाने वाले होते हैं।

3. कैंसर

अल्कोहल पेय पदार्थों को इंटरनेशनल एजेंसी फॉर रिसर्च ऑन कैंसर (IARC) द्वारा समूह 1 कार्सिनोजेन (मनुष्यों के लिए कार्सिनोजेनिक) के रूप में क्लासिफ़ाइ किया

गया है। लंबे समय तक शराब पीने से कुछ प्रकार के कैंसर का अधिक खतरा होता है, जिसमें लिवर, मुंह, गले, स्वरयंत्र (आवाज बॉक्स), अन्नप्रणाली और स्तन के कैंसर शामिल हैं। जो शराब पिने के साथ साथ धूम्रपान भी करते हैं, उन्हें कैंसर होने का खतरा अधिक होता है। सभी कैंसर के मामलों में 3.6% और दुनिया भर में 3.5% कैंसर से होने वाली मौतों के कारण अल्कोहल का सेवन (जिसे इथेनॉल के रूप में भी औपचारिक रूप से जाना जाता है) है।

4. वेट गेन

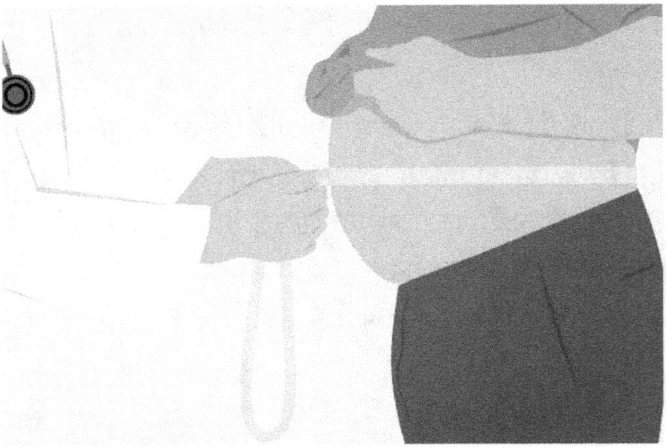

शराब से चार तरह से वजन बढ़ सकता है: यह आपके शरीर को वसा जलाने से रोकता है, यह कैलोरीज़ में उच्च है, यह आपको ज्यादा भूख का अहसास कराता है, और यह जंक फूड्स के लिए क्रेविंग को बढ़ाता है।

5. चोट

सेंटर्स ऑफ़ डिजीज कण्ट्रोल एंड प्रिवेंशन (CDC) के अनुसार, शराब पीने से आपकी प्रतिक्रिया टाइम धीमी हो जाती है और निर्णय और सामंजस्य बिगड़ जाता है। शराब के प्रभाव वाले व्यक्तियों में दुर्घटनाओं की संभावना अधिक होती है।

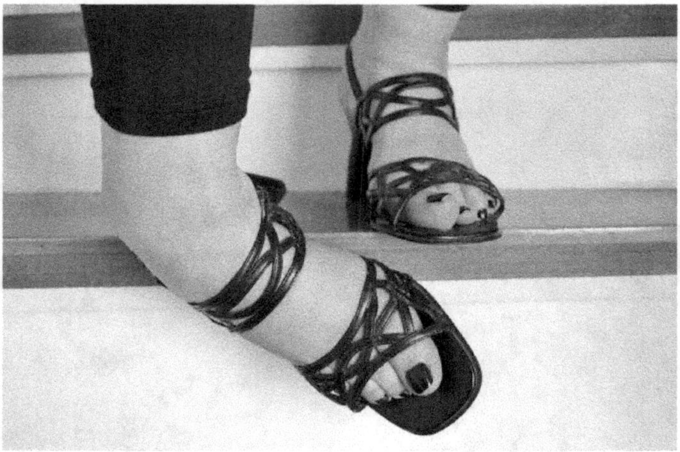

6. जन्म दोष

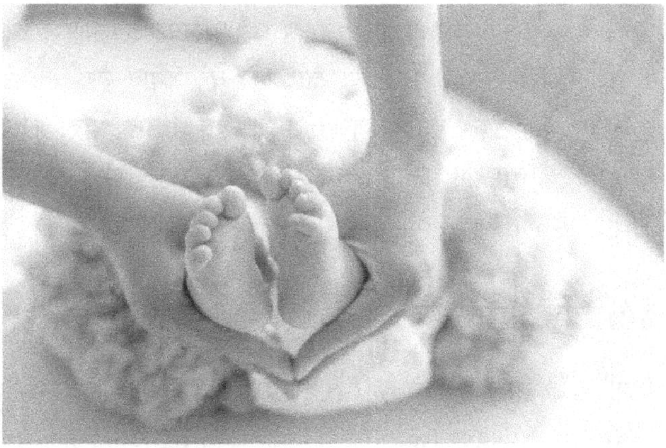

गर्भवती महिलाओं को शराब बिल्कुल नहीं पीना चाहिए। भ्रूण को शराब के संपर्क में लाने से मस्तिष्क, हृदय और अन्य अंगों के जन्म दोष हो सकते हैं। अगर एक महिला गर्भवती होने पर शराब पीती है तो उसे फीटल अल्कोहल सिंड्रोम वाले बच्चे को जन्म देने का जोखिम होता है। फीटल अल्कोहल सिंड्रोम (एफएएस) एक ऐसी स्थिति है जो विकासशील भ्रूण को प्रभावित करती है। फीटल अल्कोहल सिंड्रोम से पीड़ित बच्चों में अक्सर चेहरे की असामान्य विशेषताएं, अविकसित विकास, मस्तिष्क क्षति, अंग दोष, ध्यान देने में समस्या और खराब कॉर्डिनेशन होते हैं। फीटल अल्कोहल सिंड्रोम का कोई इलाज नहीं है; एक बार बच्चे को नुकसान हो जाने के बाद, उसे जीवन के लिए नुकसान उठाना पड़ता है।

7. लिवर सिरोसिस

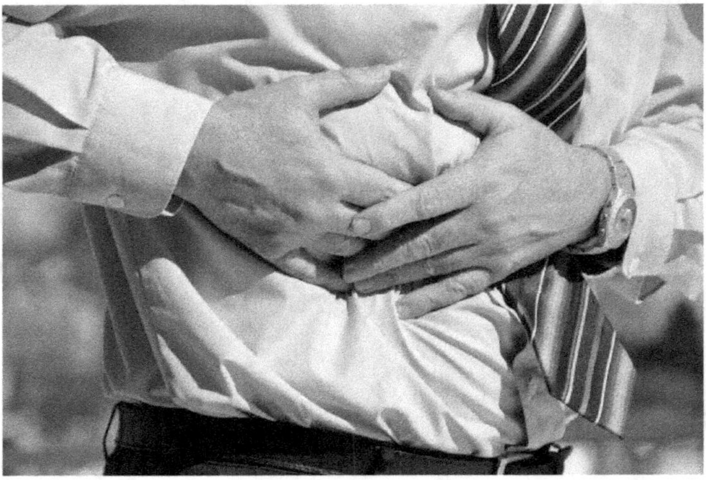

शराब से स्थायी रूप से अंग की क्षति हो सकती है। लिवर सिरोसिस घातक होता है क्योंकि क्षतिग्रस्त लिवर शरीर के सामान्य कार्यगति को बनाए रखने में असमर्थ होता है। सिरोसिस लिवर की खाने को ऊर्जा में परिवर्तित करने और शरीर से विषाक्त पदार्थों को हटाने की क्षमता को प्रभावित करता है। सिरोसिस से ग्रस्त लोगों के लिवर में टिस्सुस टूटे होते हैं जो लिवर के माध्यम से रक्त के प्रवाह को कम करता है।

8. गंभीर क्रोनिक बीमारियां

सेंटर्स ऑफ़ डिजीज कण्ट्रोल एंड प्रिवेंशन (CDC) के अनुसार, लम्बे समय तक शराब पीने से उच्च रक्तचाप, लिवर सिरोसिस (लिवर कोशिकाओं को नुकसान), और अग्नाशयशोथ (पैनक्रिआस का इन्फ्लेमेशन) हो सकता है।

9. ड्रग इंटरेक्शन

शराब प्रेसक्राइब्ड दवा जैसे एंटी डेप्रेस्सेंट और एंटी एंग्जायटी दवाओं के चिकित्सीय प्रभावों में हस्तक्षेप करता है। यह अन्य दवाओं के साथ संयोजन में खतरनाक हो सकता है। शराब से होने वाले सिरदर्द के लिए कभी भी एस्पिरिन न लें, इससे आंतरिक गैस्ट्रिक रक्तस्राव हो सकता है, जो जानलेवा होता है।

10. असामान्य नींद पैटर्न

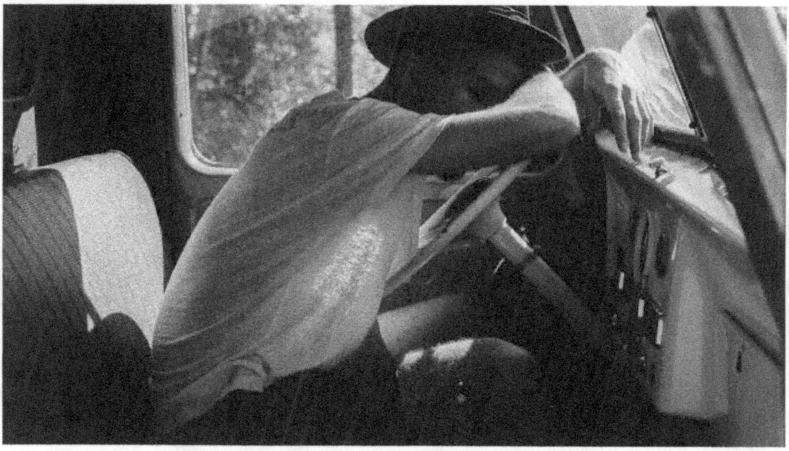

शराब से सामान्य नींद पैटर्न बिगड़ती है, जो ऊर्जा, मनोदशा, चिंता के स्तर को प्रभावित करती है और आप पूरे दिन थका हुआ महसूस करते हैं।

निष्कर्ष

यह एक गलत धारणा है कि आप केवल मादक पेय के साथ अपने जीवन का आनंद ले सकते हैं। मानव में यह प्रवृत्ति होती है कि वह जो देखता है उसे ही फॉलो करता है। यह पूरी तरह से हमारी गलती नहीं है, क्यों कि हम अक्सर फिल्मों और धारावाहिकों में शराब को जीवन के मज़ेदार कारक के रूप में देखते हैं। वे सबसे खतरनाक पदार्थ अल्कोहल को एक स्टेटस सिंबल के रूप में चित्रित करते हैं लेकिन हमे यह कभी नहीं भूलना चाहिए कि फिल्में और धारावाहिक मात्र कल्पना की कला है और वास्तविक जीवन से इसका कोई लेना-देना नहीं है। मैं खुद एक वैज्ञानिक हूं, मैंने शराब के साथ काम किया है, और मेरे लिए, शराब सिर्फ एक रासायनिक पदार्थ है जिसका हम किसी विशेष बीमारी के इलाज के लिए टैबलेट और कैप्सूल तैयार करने में बहुत ही कम मात्रा में उपयोग करते हैं। हम बहुत थोड़ी मात्रा में शराब का उपयोग करते हैं क्यों कि हम जानते हैं कि शराब हमारे शरीर के लिए

कितनी खतरनाक है। आप सिर्फ एक बार जीते हैं और यह जीवन रोग मुक्त, हताशा-मुक्त, अवसाद-मुक्त से जीना बेहतर है। यह आपका मौलिक अधिकार है, शराब को अपने मूल जीवन अधिकारों को चोरी न करने दें।

8
अपने आहार में कद्दू को शामिल करने के 10 स्मार्ट तरीके

अपने आहार में कद्दू को शामिल करने के 10 स्मार्ट तरीके

बचपन में मेरी मॉम मुझे कद्दू की सबजी खिलाने के लिए मेरे पीछे पीछे भागती थीं, और मुझे लम्बी चोड़ी कद्दू के फायदों की लिस्ट बताती थी, पर मुझे कद्दू बिलकुल नहीं पसंद था। हाँ, हम सभी ये एक्सपीरियंस कर चुके हैं। काश किसी ने मेरी मॉम को आहार में कद्दू को शामिल करने के वो स्मार्ट तरीके बताए होते, जो आज मैं आपको बता रहीं हूँ।

अधिक विस्तार में जानने से पहले, आइए पहले देखें कि कद्दू स्वास्थय के लिए इतना महत्वपूर्ण क्यों है, खासकर यदि आप एक छात्र हैं।

कद्दू के फायदे:

- कद्दू विटामिन और खनिजों में उच्च है और कैलोरी में कम है क्योंकि इसमें 94% पानी होता है जो कद्दू को वजन घटाने के लिए अनुकूल भोजन बनाता है।
- यह बीटा-कैरोटीन का एक बड़ा स्रोत है, जो शरीर में विटामिन ए में परिवर्तित होता है। विटामिन ए आंखों की रोशनी के लिए आवश्यक है और प्रकाश को अवशोषित करने और संसाधित करने में रेटिना की मदद करता है, यह गुण कद्दू को छात्रों के लिए आवश्यक बनाता है। कद्दू के एक कप में विटामिन ए की दैनिक सेवन की 200 प्रतिशत से अधिक मात्रा होती है, जिससे यह आँखों के स्वास्थ्य के लिए एक उत्कृष्ट विकल्प है।
- अनुसंधान से पता चलता है कि बीटा-कैरोटीन से भरपूर आहार और प्रोस्टेट कैंसर के कम जोखिम के बीच सकारात्मक संबंध है।
- कद्दू में एंटीऑक्सिडेंट आंखों की क्षति को रोकने में मदद करते हैं।
- कद्दू का तेल विभिन्न बैक्टीरियल और फंगल संक्रमणों से लड़ने में मदद करता है। इसके अलावा, कद्दू विटामिन सी की दैनिक रेकमेंडेड मात्रा के लगभग 20 प्रतिशत के साथ पैक है, जो आपको सर्दी से तेजी से रिकवर करने में मदद कर सकता है।

अब हम जानते हैं कि कद्दू हमारे स्वास्थ्य के लिए कितना महत्वपूर्ण है। नीचे अपने आहार में कद्दू को शामिल करने के 10 स्मार्ट तरीके दिए गए हैं:

अपने आहार में कद्दू को शामिल करने के 10 स्मार्ट तरीके:

1. पम्पकिन ओट्स केक

जब आप अपने मन को मीठे से दूर नहीं कर पा रहे हो तो पम्पकिन ओट्स केक खाएँ! जायफल और शहद के साथ, इस केक के 2-3 स्लाइस पूरे दिन के आवश्यक विटामिन ए प्रदान करने के लिए पर्याप्त हैं।

2. कद्दू का हलवा

गाजर के हलवे को कुछ समय के लिए ब्रेक दें और इस बार कद्दू का हलवा आज़माएँ। इसमें भुने हुए नारियल के लच्छे और कुरकुरे बादाम मिलाएं और इसका आनंद लें।

3. भुना हुआ कद्दू

डिनर टेबल पर सभी के लिए एक विजेता - कद्दू के टुकड़ों को बेक करें और इसे पिरी-पिरी मसाले के के साथ खाएँ।

4. कद्दू नारियल कुकीज़

अपने नियमित नारियल कुकीज़ को अपग्रेड करें, नारियल के साथ थोड़ा कद्दू डाले और स्वस्थ कुकीज़ का आनंद लें।

5. पम्पकिन मसाला थेपला

यह मेरा पसंदीदा है। अपने नियमित मसाला थेपले में थोड़ा कद्दूकस किया हुआ कद्दू डाले और इस नाश्ते का आनंद लें।

6. पम्पकिन सॉस में पास्ता

क्रीमी पास्ता अक्सर वसा और कोलेस्ट्रॉल से भरे होते हैं। अपने रात के खाने को एक विशाल कैलोरी बम बनाने के बजाय, हैवी क्रीम के बजाय पम्पकिन क्रीम सॉस और ग्रीक दही का प्रयोग करें और अपने पास्ता को स्वादिष्ट और स्वस्थ बनाएं।

7. व्होले ग्रेन पम्पकिन पेनकेक्स

सर्दियों के लिए बिल्कुल सही, इस हार्दिक नाश्ते की रेसिपी में साबुत गेहूं का आटा, बहुत सारे मसाले, कद्दू और दूध शामिल हैं।

8. कद्दू टिक्की

अपने अन्य कसे हुए सब्जियों के साथ थोड़ा कद्दूकस कद्दू लें, और आलू मिलाएं, इसे ब्रेड क्रम्ब्स में रोल करें, शैलो फ्राई करें और टमाटर सॉस के साथ आनंद लें।

9. पम्पकिन आलमंड मफिन

अपने दिन की शुरुआत पम्पकिन आलमंड मफिन से करें। ये माउथ-वाटरिंग मफिन एक संपूर्ण ऑन-द-गो स्नैक बनाते हैं और दोपहर के भोजन का समय होने तक आपकी भूख को शांत रखते हैं।

10. पम्पकिन वफ़ल

एक बाउल में आटा, चीनी, बेकिंग सोडा, बेकिंग पाउडर और नमक मिलाएं, और अच्छी तरह से हिलाएं। गीली सामग्री ऐड करें: कद्दू, छाछ, मक्खन, और वेनिला, और मिश्रण को अच्छे से फेंटे। वफ़ल आयरन को प्री हीट करें। वफ़ल आयरन को थोड़े पिघले मक्खन के साथ ब्रश करें और वफ़ल को पकाएँ। अपनी पसंद के टॉपिंग के साथ खाएं।

मेरे विचार

अगर आपको मेरी ही तरह कद्दू पसंद नहीं हैं, लेकिन फिर भी इसके स्वास्थ्य लाभों के कारण इसे खाना चाहते हैं, तो आहार में कद्दू को स्मार्ट रूप से शामिल करने के ये मेरे तरीके थे, जिससे ये हेल्थी होने के साथ ही स्वादिष्ट भी हों। यदि आप पहले से ही कद्दू प्रेमी हैं, तो आपको अपनी सूची में शामिल करने के लिए कुछ और दिलचस्प व्यंजन मिल गए।

9

रोकथाम वास्तव में इलाज से बेहतर है

रोकथाम वास्तव में इलाज से बेहतर है

हम सभी जानते हैं कि रोकथाम इलाज से बेहतर है लेकिन हम में से कितने इसे अपने जीवन में लागू करते हैं? प्रतिशत बहुत कम है। आम तौर पर, जब हम किसी के स्वास्थ्य में उसकी बुरी आदतों का परिणाम देखते हैं, तो हम यह मानते हैं कि यह केवल दूसरों के साथ ही हो सकता है। यह हमारी प्रवृत्ति है, हम सोचते हैं कि बुरा परिणाम केवल दूसरों के लिए होता है; कहीं न कहीं हमें लगता है कि हम अलग हैं; यह निश्चित रूप से मेरे साथ तो नहीं होने वाला। लेकिन यह तथ्य है कि आप आज अपने स्वास्थ्य के प्रति जितना भी गैर-जिम्मेदाराना व्यवहार करते हैं; उसका परिणाम आज नहीं तो कल आपको ही भोगना है, इस तथ्य से कोई बच नहीं सकता।

यह सुनने में कठोर लगता है, लेकिन यही सच है। सरल नियम यही है कि आप जो अपने शरीर को देंगे, आपका शरीर आपको वापस वही देगा। इसलिए यदि आप अपने शरीर को जंक, स्वास्थ्य बिगाड़ने वाले तत्व दे रहे हैं, तो इसके बदले में आप स्वस्थ जीवन की उम्मीद न करें। कभी-कभी हमारा शरीर कबाड़ और बुरी आदतों के लिए तुरंत अलार्म नहीं देता है, और सब कुछ सामान्य लगता है, लेकिन समय के साथ, यह एकत्र होता जाता है और फिर यह आपको जानलेवा वाली बीमारियाँ देता है। हमारे शरीर को अच्छी देखभाल, अच्छे भोजन, अच्छी जीवनशैली की आवश्यकता होती है और जब उसे यह नहीं मिलता है, तो शरीर का कार्य प्रभावित होता है, और समय के साथ अपनी कार्यक्षमता खो देता है।

मैंने कई बार लोगों को अपनी स्वास्थ्य समस्याओं के बारे में ऐसे बात करते हुए सुना है जैसे भगवान ने उन्हें यह समस्या दे दी है, वे समस्या के लिए खुद को कभी दोषी नहीं मानते हैं। वे यह भी नहीं सोचते हैं या विश्लेषण भी नहीं करते हैं कि उन्होंने क्या गलत किया जिससे उन्हें यह विशेष रूप से नुकसान हुआ। रोकथाम इलाज से बेहतर है। आपको विश्लेषण करना चाहिए कि आपको यह समस्या क्यों हुई, समस्या की जड़ क्या हैं, कहीं यह आपकी गलत खान-पान की आदत या आपकी खराब जीवनशैली का परिणाम तो नहीं?

आम तौर पर हम सुनते हैं कि तनाव स्वास्थ्य समस्याओं का कारण बनता है। अगर मैं आपसे उल्टा सोचने के लिए कहुँ तो? क्या होगा अगर मैं आपको बोलो कि अगर आपको स्वास्थ्य समस्या होगी तो यह आपको तनाव देगा और अगर आप स्वस्थ ही महसूस नहीं करेंगे तो फिर आप अपने जीवन के अन्य महत्वपूर्ण पहलुओं पर ध्यान कैसे देंगे? क्या आप अपने स्वास्थ्य के कारण अपने जीवन के प्रमुख अवसरों को खो नहीं देंगे?

इस नजरिये से देखे शायद आपको मदद मिले, भगवान ने आपको यह शरीर उपहार में दिया है, तो आप अपने शरीर के देखभालकर्ता हैं, बाकी सब कुछ आएंगे और चले जाएंगे, लेकिन आपका शरीर जीवन भर आपके साथ रहेगा।

यदि आप किसी चीज के लिए सबसे ज्यादा जिम्मेदार हैं, तो वह है आपका शरीर। अगर आप अपनी ज़िम्मेदारी पूरी नहीं करेंगे, तो और कौन करेगा?

निष्कर्ष

अंत में, मैं केवल इतना ही कह सकती हूँ कि आपका शरीर कूड़ेदान नहीं है, जहां आप कुछ भी फेंक सकते हैं, आपका शरीर एक मंदिर है, आपको इसकी पूजा करनी चाहिए और इसे कोई भी कबाड़ या स्वास्थ्य बिगाड़ने वाले तत्वों को देने से पहले दो बार सोचना चाहिए। क्योंकि अंततः आप अपने शरीर को जो देंगे, आपका शरीर आपको वापस वही देगा।

10

व्यंजन

नारियल की बर्फी एक हेल्दी मिठाई

नारियल की बर्फी एक हेल्दी मिठाई

मुझे नारियल की बर्फी पसंद है क्योंकि इसमें नट्स होते हैं जो बहुत हेल्थी होते हैं। मैं कम मिठा पसंद करती हूँ लेकिन विशेष अवसरो पर मैं इसे खा लेती हूँ।

मैं किसी भी रेसिपी में स्वस्थ विकल्पों से अस्वास्थ्यकर इंग्रेडिएंट को रेप्लस कर देतीं हूँ। इसलिए नारियल की बर्फी में मैंने रिफाइंड व्हाइट शुगर को ब्राउन शुगर के साथ बदल दिया, अगर आप इसे गुड़ के साथ बनाते हैं तो यह और भी स्वास्थ्य के लिए फायदेमंद होगा। इसके अलावा मैंने सामान्य अनसाल्टेड मक्खन को घर पर बनें गाय के घी के साथ रेप्लस कर दिया। अगर आप स्वास्थ्य के प्रति सचेत तो हैं पर मीठे के शौक़ीन हैं तो नारियल की बर्फी सबसे अच्छा विकल्प है, जिसे आप बिना डरे बेझिझक खा सकते हैं।

नारियल की बर्फी का स्वास्थ्य लाभ:

नारियल बुरादा:

हम सभी जानते हैं कि नारियल में वसा होता है लेकिन यह वसा स्वस्थ वसा होता है जो शरीर के कार्य के लिए बहुत आवश्यक है। यह एलडीएल (खराब कोलेस्ट्रॉल) के स्तर को कम करके और अच्छे कोलेस्ट्रॉल या एचडीएल के स्तर को बढ़ा कर आपकी धमनियों को मजबूत करता है, और हृदय स्वास्थ्य को बढ़ावा देता है। इसके अलावा यह त्वचा के लिए बहुत अच्छा है, यह मस्तिष्क के बेहतर कामकाज में मदद करता है। इसमें आहार फाइबर, मैंगनीज, कॉपर और सेलेनियम सहित कई आवश्यक पोषक तत्व शामिल हैं।

गाय का घी (अनसाल्टेड क्लैरिफाइड मक्खन):

आयुर्वेद के अनुसार, गाय का घी स्वास्थ्य के लिए बहुत अच्छा है। गाय का घी आवश्यक पोषक तत्वों, फैटी एसिड, जीवाणुरोधी, एंटिफंगल, एंटीऑक्सिडेंट और एंटीवायरल गुणों से भरा है। यह वात और पित्त को सामान्य करता है और शरीर को पोषण देता है। इसे ब्रेन टॉनिक के रूप में जाना जाता है। स्मरण शक्ति और बुद्धि में सुधार के लिए घी बहुत बढ़िया है और मानसिक स्वास्थ्य को मजबूत करने के लिए सर्वश्रेष्ठ है। यह थायराइड की शिथिलता को ठीक करने के लिए भी फायदेमंद है। इसका उपयोग घावों को भरने, फटे होंठों और मुंह के छालों को ठीक करने के लिए

किया जाता है। यह अनिद्रा को ठीक करता है और जोड़ों के लिए सबसे अच्छा है। यदि आप वजन नहीं बढ़ाना चाहते हैं तो इसे कम मात्रा में लें।

गुड़

गुड़ इम्युनिटी को बढ़ाता है। गुड़ के सबसे प्रसिद्ध लाभों में से एक इसकी रक्त को शुद्ध करने की क्षमता है। गुड़ शरीर के लिए सबसे अच्छा प्राकृतिक सफाई एजेंटों में से एक है। यह एनीमिया को रोकता है। रक्तचाप को नियंत्रित करता है और श्वसन समस्याओं को रोकता है। गुड़ में काम्प्लेक्स कार्बोहाइड्रेट होता है जो शरीर को धीरे-धीरे और लंबे समय तक ऊर्जा देता है, और थकान और कमजोरी को रोकने में मदद करता है।

नारियल की बर्फी कैसे बनाएँ

सामग्री:

नारियल का बुरादा: 2 कप

गाय का घी: 1 बड़ा चम्मच

गाय का दूध: 2 कप

भूरी चीनी/गुड़: 3/4 कप

केसर: एक चुटकी

कद्दूकस किए हुए बादाम: सजावट के लिए

विधि:

केसर को 2 बड़े चम्मच गर्म दूध में भिगोएँ। एक तरफ रख दें। नारियल के बुरादे को भून लें।

1 बड़ा चम्मच गाय का घी गरम करें।

गाय का दूध डालें।

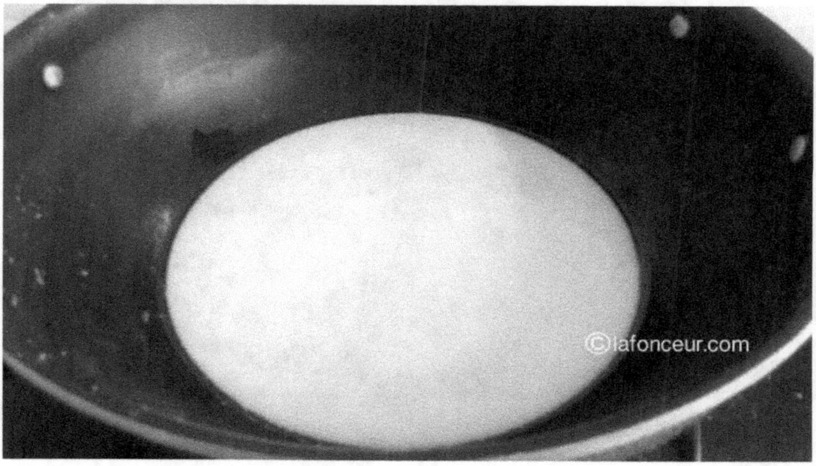

उबाल आने दें और जब तक आधा न रह जाए तब तक पकाएँ।

ब्राउन शुगर या गुड़ डालें

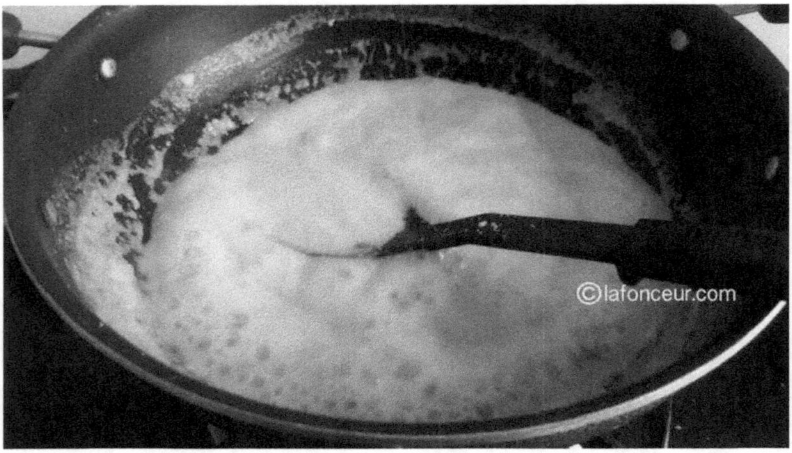

भुना हुआ नारियल का बुरादा डाले

अच्छी तरह से मिलाएं

दूध में भिगोया हुआ केसर डालें

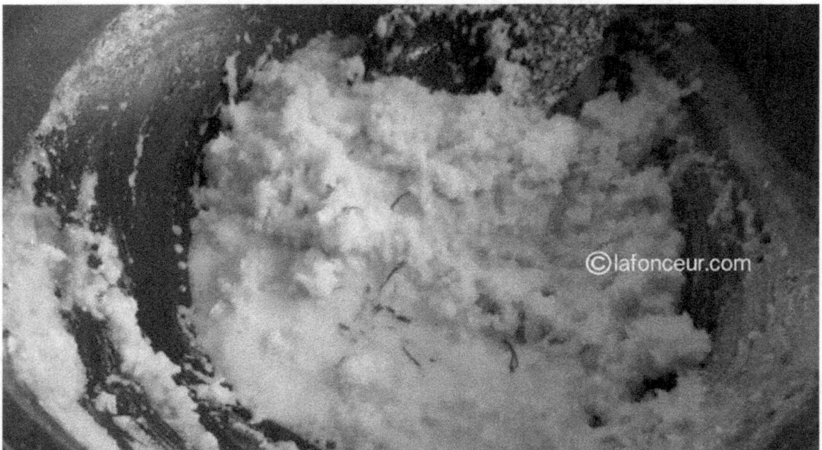

इसे बेकिंग डिश में डालें

कटे हुए बादाम छिड़कें और मनचाहे आकार में काट लें

2 घंटे के लिए रेफ्रिजरेट करें और आपकी नारियल की बर्फी खाने के लिए तैयार है।

नारियल की बर्फी की सबसे अच्छी बात यह है कि आप अपने स्वास्थ्य की चिंता किए बिना इसका सेवन कर सकते हैं। अपनी मीठे की लालसा को संतुष्ट करने के लिए स्वयं ही बनाएँ।

क्रीमी कद्दू के सॉस में स्पेगेटी

2 लोगों के लिए

सामग्री:

पकी हुई स्पेगेटी: 200 ग्राम

कद्दू: 300 ग्राम

काजू: ½ कप

लहसुन: 5 कलियाँ

सफेद प्याज: 1 बड़ा

लाल मिर्च पाउडर: ½ छोटा चम्मच

काली मिर्च: एक चुटकी

नमक: स्वादानुसार

पानी: 1 कप

जैतून का तेल: 2 बड़े चम्मच

विधि:

कद्दू प्यूरी के लिए

1. एक प्रेशर कुकर लें। उसमें कटा हुआ कद्दू और आधा कप पानी डालें। नमक डालें। 2 सीटी आने तक प्रेशर कुकर में पकाएँ।

2. कद्दू को कलछी से मसल लें।

कद्दू सॉस के लिए

1. काजू को आधा कप गर्म पानी में 15-20 मिनट के लिए भिगो दें। पानी निथार लें और भीगे हुए काजू को एक तरफ रख दें।

2. एक गरम पैन में 2 बड़े चम्मच जैतून का तेल डालें। कटा लहसुन डालें और 5 मिनट तक पकाएँ।

3. दरदरा कटा हुआ प्याज डालें। 5-7 मिनट तक पकाएँ।

4. काजू डालें और 3-5 मिनट तक पकाएँ।

5. कद्दू प्यूरी डालें। लाल मिर्च पाउडर, काली मिर्च और नमक डालें (हमने कद्दू प्यूरी में भी नमक डाला है, इसलिए आवश्यकतानुसार डालें)।

6. अच्छी तरह मिलाएँ। मिश्रण को ढक्कन से ढक दें और धीमी आँच पर 10-15 मिनट तक पकाएँ। बीच-बीच में चलाते रहें ताकि मिश्रण पैन के तले में न चिपके।

7. आँच बंद कर दें और मिश्रण को ठंडा होने दें। अब ¼ कप पानी डालकर स्मूथ होने तक ब्लेंड करें। सॉस चिकना, गाढ़ा और बिना किसी गांठ वाला होना चाहिए।

8. सॉस को एक कटोरे में निकाल लें। पकी हुई स्पेगेटी डालें और अच्छी तरह मिलाएँ। आपकी क्रीमी और सेहतमंद स्पेगेटी खाने के लिए तैयार है।

नोट:

1. लहसुन का स्वाद बढ़ाने के लिए, तेल में डालने से ठीक पहले लहसुन को कुचलें।

2. कद्दू और प्याज का कच्चा स्वाद हटाने के लिए, कद्दू के मिश्रण को ढक्कन लगाकर कम से कम 10 मिनट तक पकाएँ।

3. सफेद प्याज का इस्तेमाल करें क्योंकि सफेद प्याज पीले प्याज की तुलना में ज़्यादा मीठा और हल्का होता है और सॉस बनाने के लिए एकदम सही है।

4. आप मिश्रण को जितना चिकना ब्लेंड करेंगे, आपकी कद्दू की सॉस उतनी ही क्रीमी बनेगी।

कद्दू का हलवा

सामग्री:

कद्दूकस किया हुआ कद्दू: 500 ग्राम

दूध: 500 मिली

बादाम: 10-12

काजू: 10-12

किशमिश: 10-12

खरबूजे के बीज: 1 बड़ा चम्मच

गुड़: 100 ग्राम या ब्राउन शुगर: ½ कप

नारियल का बूरा: 3 बड़े चम्मच

घी: 1 छोटा चम्मच

विधि:

1. एक पैन लें। दूध डालें और उबाल आने दें।

2. कद्दूकस किया हुआ कद्दू डालें। मध्यम-तेज़ आँच पर 15 मिनट तक पकाएँ।

3. इसी बीच, बादाम और काजू काट लें। एक दूसरे पैन में 1 छोटा चम्मच घी डालकर गरम करें। बादाम, काजू, खरबूजे के बीज और किशमिश डालें।

4. मेवों और बीजों को तब तक भूनें जब तक कि उनमें से खुशबू न आने लगे और वे हल्के भूरे न हो जाएँ। मेवों को आँच से उतार लें। एक एयर-टाइट कंटेनर में रखें।

5. 15 मिनट के बाद कद्दू और दूध का मिश्रण गाढ़े पेस्ट में बदल जाएगा। इसी समय गुड़ और सूखा नारियल डालें।

6. हलवे को 10 मिनट तक पकाएँ जब तक कि वह पैन छोड़ने न लगे।

7. आँच बंद कर दें। कद्दू के हलवे को ठंडा होने दें। इसे 2 घंटे के लिए फ्रिज में रख दें। परोसने से ठीक पहले मेवे छिड़कें और इस सेहतमंद और स्वादिष्ट हलवे का आनंद लें।

कद्दू का मसाला थेपला

2 लोगों के लिए

सामग्री:

कद्दू: 300 ग्राम

गेहूँ का आटा: 1 कप

बाजरे का आटा: ½ कप

चने का आटा: ½ कप

हल्दी पाउडर: ½ छोटा चम्मच

कद्दूकस किया हुआ अदरक: 1 बड़ा चम्मच

कटी हुई हरी मिर्च: 1 छोटा चम्मच

सफेद तिल: 1 छोटा चम्मच

गरम मसाला: 1 छोटा चम्मच

नमक: स्वादानुसार

पानी: ½ कप

तेल: 3 बड़े चम्मच

दही: 2 बड़े चम्मच (यदि आवश्यक हो)

विधि:

1. एक प्रेशर कुकर लें। उसमें दरदरा कटा हुआ कद्दू और आधा कप पानी डालें। नमक डालें। 2 सीटी आने तक प्रेशर कुकर में पकाएँ।

2. कद्दू को एक कटोरे में निकाल लें। कद्दू को कलछी से मसल लें। तेल और दही को छोड़कर बाकी सारी सामग्री मिलाएँ।

3. नरम आटा गूंध लें। कद्दू में पानी की मात्रा ज़्यादा होती है, साथ ही हमने प्यूरी बनाते समय पानी भी डाला है, इसलिए गूंधने के लिए अतिरिक्त पानी की ज़रूरत नहीं है। लेकिन अगर आपका आटा सूखा लग रहा है, तो 1 से 2 बड़े चम्मच गाढ़ा दही मिलाएँ।

4. आटे को 8-9 बराबर भागों में बाँट लें। मध्यम आकार की लोइयाँ बनाएँ।

5. आटे का एक टुकड़ा लें, उसे सूखे गेहूँ के आटे में डुबोएँ और अतिरिक्त आटा झाड़ दें।

6. बेलन की मदद से आटे को 5-6 इंच के पतले गोले में बेल लें।

7. तवे को मध्यम-तेज़ आँच पर गरम करें।

8. थेपले को तवे पर रखें। लगभग एक मिनट तक पकाएँ या तब तक पकाएँ जब तक कि थेपला नीचे से कुछ जगहों पर फूलने न लगे।

9. थेपले को पलटें और उस पर 3-4 बूँद तेल फैलाएँ। 2 मिनट तक पकाएँ जब तक वह हल्का भूरा न हो जाए।

10. थेपले को फिर से पलटें और ऊपर से 3-4 बूँद तेल डालें, इसे सतह पर समान रूप से फैलाएँ। इसे समान रूप से पकाने में मदद करने के लिए चपटे स्पैचुला से थेपला को धीरे से दबाएँ।

11. जब थेपले के दोनों तरफ भूरे धब्बे दिखाई देने लगें, तो उसे एक सर्विंग प्लेट में निकाल लें। इसी तरह सारे थेपले बना लें।

12. नाश्ते में अपनी पसंद के अचार के साथ कद्दू का मसाला थेपला का आनंद लें।

यह भी पढ़ें

ईट सो व्हॉट! शाकाहार की शक्ति

(ईट सो व्हॉट! शृंखला की अगली पुस्तक)

ईट सो व्हॉट! शाकाहार की शक्ति में, अपने भोजन को वैज्ञानिक रूप से समझें और बिना किसी पूरक आहार के प्राकृतिक रूप से पोषण संबंधी कमियों को दूर करें!

लेखिका के बारे में

ला फॉनसिएर पुस्तक श्रृंखला **ईट सो व्हॉट!, ईट टू प्रिवेंट एंड कंट्रोल डिसीज़** और **सीक्रेट ऑफ़ हेल्दी हेयर** की लेखिका हैं। फार्मेसी में मास्टर डिग्री के साथ, वह एक शोध वैज्ञानिक और पंजीकृत फार्मासिस्ट हैं। उन्होंने फार्मास्युटिकल टेक्नोलॉजी में विशेषज्ञता हासिल की है और फार्मास्युटिकल रिसर्च एंड डेवलपमेंट डिपार्टमेंट में रिसर्च साइंटिस्ट के रूप में काम किया है। वह एक हेल्थ ब्लॉगर और डांस आर्टिस्ट हैं। एक शोध वैज्ञानिक होने के नाते, वह मानती हैं कि पौष्टिक शाकाहारी भोजन और स्वस्थ जीवन शैली के साथ अधिकांश बीमारियों को रोका जा सकता है।

ला फॉनसिएर द्वारा नोट

इस पुस्तक को पढ़ने के लिए धन्यवाद। मुझे खुशी है किसी ऐसे से मिलकर जो मेरी ही तरह स्वास्थ्य-सचेत है। लैक्टो वेजिटेरियन होने के नाते, मैं हमेशा स्वस्थ शाकाहारी भोजन विकल्पों को अपने आहार में शामिल करने की तलाश करती हूँ। आप मेरी किताब, **ईट सो व्हॉट! द पॉवर ऑफ़ वेजटेरियनिस्म** में शाकाहारी खाद्य पदार्थों के बारे में सब कुछ जान सकते हैं। आप जानेंगे, मैक्रोन्यूट्रिएंट्स के महत्व, उनके स्रोत और कैसे पौधों पर आधारित शाकाहारी खाद्य पदार्थ एक रोग मुक्त स्वस्थ जीवन का समाधान है।

अगर आपने अपने बालों के लिए विभिन्न हेयर ट्रीटमेंट लेने से लेकर इंटरनेट पर ट्रेंडिंग हर हेयर मास्क लगाने तक की सभी कोशिशें की है और फिर भी सोच रहे हैं कि आपके बाल अभी भी स्वस्थ क्यों नहीं हैं? अगर आप अपने बालों की समस्याओं का स्थायी समाधान ढूंढ रहे हैं, तो **स्वस्थ बालों का राज़** पुस्तक आपके लिए है।

ये पुस्तकें पेपरबैक के साथ-साथ सभी प्रमुख ऑनलाइन बुक स्टोर में ईबुक संस्करण में भी उपलब्ध हैं।

मुझे आशा है कि आपको मेरी पुस्तक उपयोगी लगी होगी। यदि आप मेरी पुस्तक का रिव्यु करते हैं तो मैं वास्तव में इसकी सराहना करूंगी; यह मुझे और अधिक स्वास्थ्य पुस्तकें लिखने के लिए प्रोत्साहित करेंगी।

ला फॉनसिएर

ला फॉनसिएर की अन्य पुस्तकें

हिंदी संस्करण

ईट सो व्हॉट! शृंखला

अन्य पुस्तकें:

ला फॉनसिएर से जुड़ें

इंस्टाग्राम: @la_fonceur | @eatsowhat

फेसबुक: LaFonceur | eatsowhatblog

ट्विटर: @la_fonceur

अमेजॉन लेखिका पृष्ठ:

www.amazon.in/La-Fonceur/e/B07PM8SBSG/

ला फॉनसिएर बुक्स पर विशेष ऑफर पाने के लिए वेबसाइट पर साइन अप करें:

हेल्थ ब्लॉग: www.eatsowhat.com

वेबसाइट: https://www.lafonceur.com/shop

MONTHLY HEALTHY HABIT TRACKER

Habit: 8 Glasses of Water

1 2 3 4 5 6 7 8 9 10 11 12 13 14 15 16
17 18 19 20 21 22 23 24 25 26 27 28 29 30 31

Habit: Overnight Soaked Almonds (6-8)

1 2 3 4 5 6 7 8 9 10 11 12 13 14 15 16
17 18 19 20 21 22 23 24 25 26 27 28 29 30 31

Habit: 1-2 Fiber-Rich Foods

1 2 3 4 5 6 7 8 9 10 11 12 13 14 15 16
17 18 19 20 21 22 23 24 25 26 27 28 29 30 31

Habit: 30 Minutes Walk

1 2 3 4 5 6 7 8 9 10 11 12 13 14 15 16
17 18 19 20 21 22 23 24 25 26 27 28 29 30 31

Habit: 7-8 Hours of Sleep

1 2 3 4 5 6 7 8 9 10 11 12 13 14 15 16
17 18 19 20 21 22 23 24 25 26 27 28 29 30 31

Habit:

1 2 3 4 5 6 7 8 9 10 11 12 13 14 15 16
17 18 19 20 21 22 23 24 25 26 27 28 29 30 31

Habit:

1 2 3 4 5 6 7 8 9 10 11 12 13 14 15 16
17 18 19 20 21 22 23 24 25 26 27 28 29 30 31

Habit:

1 2 3 4 5 6 7 8 9 10 11 12 13 14 15 16
17 18 19 20 21 22 23 24 25 26 27 28 29 30 31

MONTHLY HEALTHY HABIT TRACKER

Habit: 8 Glasses of Water

1 2 3 4 5 6 7 8 9 10 11 12 13 14 15 16
17 18 19 20 21 22 23 24 25 26 27 28 29 30 31

Habit: Overnight Soaked Almonds (6-8)

1 2 3 4 5 6 7 8 9 10 11 12 13 14 15 16
17 18 19 20 21 22 23 24 25 26 27 28 29 30 31

Habit: 1-2 Fiber-Rich Foods

1 2 3 4 5 6 7 8 9 10 11 12 13 14 15 16
17 18 19 20 21 22 23 24 25 26 27 28 29 30 31

Habit: 30 Minutes Walk

1 2 3 4 5 6 7 8 9 10 11 12 13 14 15 16
17 18 19 20 21 22 23 24 25 26 27 28 29 30 31

Habit: 7-8 Hours of Sleep

1 2 3 4 5 6 7 8 9 10 11 12 13 14 15 16
17 18 19 20 21 22 23 24 25 26 27 28 29 30 31

Habit:

1 2 3 4 5 6 7 8 9 10 11 12 13 14 15 16
17 18 19 20 21 22 23 24 25 26 27 28 29 30 31

Habit:

1 2 3 4 5 6 7 8 9 10 11 12 13 14 15 16
17 18 19 20 21 22 23 24 25 26 27 28 29 30 31

Habit:

1 2 3 4 5 6 7 8 9 10 11 12 13 14 15 16
17 18 19 20 21 22 23 24 25 26 27 28 29 30 31

NOTES

- ....
- ....
- ....
- ....
- ....
- ....
- ....
- ....
- ....
- ....
- ....
- ....
- ....
- ....
- ....
- ....
- ....
- ....
- ....
- ....
- ....

NOTES

- ....
- ....
- ....
- ....
- ....
- ....
- ....
- ....
- ....
- ....
- ....
- ....
- ....
- ....
- ....
- ....
- ....
- ....
- ....
- ....
- ....

www.ingramcontent.com/pod-product-compliance
Lightning Source LLC
LaVergne TN
LVHW010831051026
849532LV00007B/2667
* 9 7 8 9 3 5 6 1 9 8 6 3 0 *